金融发展与国际贸易关系研究

基于中国的经验分析

尹永威 著

中国社会科学出版社

图书在版编目(CIP)数据

金融发展与国际贸易关系研究：基于中国的经验分析／尹永威著.
—北京：中国社会科学出版社，2017.5
ISBN 978-7-5203-0004-9

Ⅰ.①金… Ⅱ.①尹… Ⅲ.①金融业—经济发展—研究—中国
②国际贸易—研究—中国　Ⅳ.①F832②F752

中国版本图书馆CIP数据核字(2017)第047460号

出 版 人	赵剑英
选题策划	刘 艳
责任编辑	刘 艳
责任校对	陈 晨
责任印制	戴 宽

出　版	中国社会科学出版社
社　址	北京鼓楼西大街甲158号
邮　编	100720
网　址	http://www.csspw.cn
发 行 部	010-84083685
门 市 部	010-84029450
经　销	新华书店及其他书店

印　刷	北京明恒达印务有限公司
装　订	廊坊市广阳区广增装订厂
版　次	2017年5月第1版
印　次	2017年5月第1次印刷

开　本	710×1000　1/16
印　张	13.25
插　页	2
字　数	178千字
定　价	66.00元

凡购买中国社会科学出版社图书，如有质量问题请与本社营销中心联系调换
电话：010-84083683
版权所有　侵权必究

目 录

第一章 导言 …………………………………………………… (1)
 第一节 选题背景及研究意义 ………………………………… (1)
  一 选题背景 ……………………………………………… (2)
  二 研究意义 ……………………………………………… (3)
 第二节 文献综述 ……………………………………………… (4)
  一 金融发展影响国际贸易视角的研究 ………………… (4)
  二 国际贸易影响金融发展视角的研究 ………………… (8)
  三 针对中国的经验研究 ………………………………… (9)
  四 对文献的简单评述 …………………………………… (11)
 第三节 基本概念的界定及结构安排 ………………………… (20)
  一 基本概念的界定 ……………………………………… (20)
  二 结构安排 ……………………………………………… (23)
 第四节 研究方法 ……………………………………………… (24)

第二章 理论基础 ……………………………………………… (25)
 第一节 金融发展的相关理论 ………………………………… (25)
  一 金融发展的早期理论 ………………………………… (25)
  二 金融深化理论——麦金农和肖学派 ………………… (28)

1

三　金融深化理论拓展 …………………………………… (32)
　第二节　国际贸易的相关理论 ………………………………… (33)
　　一　基于比较优势的理论 ………………………………… (33)
　　二　基于规模经济的理论 ………………………………… (37)
　　三　基于贸易与经济增长关系的理论 …………………… (38)
　本章小结 ………………………………………………………… (40)

第三章　主要经济体金融发展与国际贸易关系考察 ………… (42)
　第一节　主要经济体总体经济情况 …………………………… (43)
　　一　G7国家的总体经济情况 …………………………… (43)
　　二　金砖国家的总体经济情况 …………………………… (48)
　第二节　主要经济体金融发展情况 …………………………… (53)
　　一　G7国家金融发展情况 ……………………………… (53)
　　二　金砖国家金融发展情况 ……………………………… (65)
　第三节　主要经济体贸易发展情况 …………………………… (75)
　　一　G7国家的贸易情况 ………………………………… (75)
　　二　金砖国家的贸易情况 ………………………………… (83)
　第四节　主要经济体金融发展与国际贸易的关系 ………… (89)
　本章小结 ………………………………………………………… (92)

第四章　金融发展与国际贸易作用机理研究 ………………… (94)
　第一节　规模经济渠道 ………………………………………… (94)
　　一　消费者 ………………………………………………… (95)
　　二　生产者 ………………………………………………… (96)
　第二节　融资成本渠道 ………………………………………… (99)
　第三节　风险分散渠道 ………………………………………… (101)

一　生产、偏好和贸易 ………………………………（102）
　　二　政策决定机制 ……………………………………（103）
　　三　消费者和投资者决策 ……………………………（103）
　　四　没有风险分散市场的均衡 ………………………（104）
　　五　物质资本占优下风险分散的均衡 ………………（105）
　　六　人力资本占优下风险分散的均衡 ………………（106）
　第四节　汇率变动渠道 ……………………………………（107）
　第五节　工具创新渠道 ……………………………………（109）
　　一　出口信贷 …………………………………………（110）
　　二　信用证 ……………………………………………（111）
　　三　出口押汇 …………………………………………（113）
　　四　福费廷 ……………………………………………（114）
　　五　国际保理 …………………………………………（116）
　　六　套期保值 …………………………………………（117）
　本章小结 ……………………………………………………（120）

第五章　金融发展与国际贸易关系的中国经验分析 …………（123）
　第一节　全国层面时间序列分析 …………………………（123）
　　一　指标选取和数据描述 ……………………………（123）
　　二　基于年度数据的 VAR 检验 ……………………（131）
　　三　基于季度数据的 VAR 检验 ……………………（146）
　第二节　省级层面面板数据分析 …………………………（156）
　　一　指标选取和数据描述 ……………………………（156）
　　二　省级面板模型的实证检验 ………………………（157）
　第三节　行业层面面板数据分析 …………………………（162）
　　一　指标选取和数据描述 ……………………………（162）

二　行业面板模型的实证检验 …………………………（166）
　本章小结 ………………………………………………………（172）

第六章　结论建议及展望 ……………………………………（175）
　第一节　主要结论 ……………………………………………（175）
　第二节　对策建议 ……………………………………………（176）
　　一　从金融支持贸易发展的角度 …………………………（176）
　　二　从贸易支持金融发展的角度 …………………………（178）
　第三节　进一步研究展望 ……………………………………（179）

附录1　全国年度数据表 ……………………………………（180）
附录2　全国季度数据表 ……………………………………（184）
附录3　行业面板数据表 ……………………………………（188）

参考文献 ………………………………………………………（197）

图目录

图 2-1　利率管制下的储蓄与投资 ……………………（29）

图 2-2　发展中国家货币的导管效应与资产替代效应 ………（31）

图 2-3　国家竞争优势的决定因素 ……………………（36）

图 3-1　2000—2011 年 G7 国家 GDP(万亿美元) …………（44）

图 3-2　2000—2011 年 G7 国家 GDP 增速(％) …………（46）

图 3-3　2000—2011 年 G7 国家人均 GDP(万美元) ………（48）

图 3-4　2000—2011 年金砖国家 GDP ……………………（49）

图 3-5　金砖国家 GDP 增速 ………………………………（51）

图 3-6　2000—2011 年金砖国家人均 GDP ………………（52）

图 3-7　2001—2011 年主要发达国家货币化率 …………（54）

图 3-8　G7 国家 2000—2011 年国家储备 ………………（56）

图 3-9　2000—2011 年主要发达国家银行部门国内信贷占 GDP 比重 ……………………………………（57）

图 3-10　2000—2011 年主要发达国家贷款利率 …………（59）

图 3-11　2000—2010 年 G7 国家银行资本对资产的比率 ……………………………………………（61）

图 3-12　2000—2011 年 G7 国家证券化率 ………………（62）

图 3-13　2000—2011 年 G7 国家股票交易额占 GDP
　　　　比例 …………………………………………………（64）
图 3-14　2001—2011 年金砖国家货币化率 ………………（66）
图 3-15　2000—2011 年金砖国家国家储备 ………………（67）
图 3-16　2000—2011 年金砖国家银行部门国内信贷
　　　　占 GDP 比重 …………………………………………（69）
图 3-17　2000—2011 年金砖国家贷款利率 ………………（70）
图 3-18　2000—2010 年金砖国家银行资本对资产的
　　　　比率 …………………………………………………（72）
图 3-19　2000—2011 年金砖国家证券化率 ………………（73）
图 3-20　2000—2011 年金砖国家股票交易额占 GDP
　　　　比例 …………………………………………………（75）
图 3-21　2000—2011 年 G7 国家外贸依存度 ……………（76）
图 3-22　2000—2011 年 G7 国家进口额 …………………（78）
图 3-23　2000—2011 年 G7 国家出口额 …………………（79）
图 3-24　2000—2011 年 G7 国家货物与服务出口占比 ……（81）
图 3-25　2000—2011 年 G7 国家国际直接投资净流入 ……（82）
图 3-26　2000—2011 年金砖国家外贸依存度 ……………（84）
图 3-27　2000—2011 年金砖国家进口额 …………………（85）
图 3-28　2000—2011 年金砖国家出口额 …………………（86）
图 3-29　2000—2011 年金砖国家货物与服务出口占比 ……（88）
图 3-30　2000—2011 年金砖国家国际直接投资净流入 ……（89）
图 3-31　两组国家金融发展与国际贸易关系示意图 ………（92）
图 4-1　买方信贷流程 ……………………………………（110）
图 4-2　信用证基本流程 …………………………………（112）

图目录

图4-3　出口与押汇基本流程 …………………………（114）
图4-4　福费廷业务基本流程 …………………………（115）
图4-5　国际保理基本流程 ……………………………（116）
图4-6　远期市场套期保值示意图 ……………………（118）
图4-7　货币市场套期保值示意图 ……………………（119）
图4-8　期权市场套期保值示意图 ……………………（119）
图5-1　1980—2010年中国金融指标变化情况 ………（128）
图5-2　1980—2010年中国国际贸易指标变化情况 …（130）
图5-3　1980—2000年各变量数据的时序图 …………（132）
图5-4　(TOP,FPC,FCG)脉冲响应结果 ………………（143）
图5-5　(TOP,FMG,FCD)脉冲响应结果 ………………（143）
图5-6　(TSM,FPC,FCG)脉冲响应结果 ………………（144）
图5-7　(TSM,FMG,FCD)脉冲响应结果 ………………（144）
图5-8　(TCM,FPC,FCG)脉冲响应结果 ………………（144）
图5-9　(TCM,FMG,FCD)脉冲响应结果 ………………（145）
图5-10　1997—2010年TOP、FMG、FBAK指标季度变化情况 ……………………………………………（149）
图5-11　VAR模型特征根倒数的分布图 ………………（151）
图5-12　序列VECM的时序图 …………………………（153）
图5-13　脉冲响应结果 …………………………………（155）

表目录

表1-1 国外有关金融发展与国际贸易关系的研究 …………（11）
表1-2 国外有关金融发展与国际贸易关系的研究 …………（16）
表1-3 金融发展的衡量指标 ………………………………（21）
表1-4 国际贸易的衡量指标 ………………………………（22）
表2-1 经济增长对贸易影响的效应类型划分 ……………（39）
表3-1 2000—2011年G7国家GDP(万亿美元) …………（43）
表3-2 2000—2011年G7国家GDP增速(%) ……………（45）
表3-3 2000—2011年G7国家人均GDP(万美元) ………（47）
表3-4 2000—2011年金砖国家GDP(万亿美元) …………（48）
表3-5 金砖国家GDP增速 …………………………………（50）
表3-6 2000—2011年金砖国家人均GDP …………………（51）
表3-7 2001—2011年主要发达国家货币化率 ……………（53）
表3-8 G7国家2000—2011年国家储备 …………………（55）
表3-9 2000—2011年主要发达国家银行部门国内信贷占GDP比重 ……………………………………………（57）
表3-10 2000—2011年主要发达国家贷款利率 …………（58）
表3-11 2000—2010年G7国家银行资本对资产的比率 …………………………………………………（60）
表3-12 2000—2011年G7国家证券化率 …………………（61）

表 3-13	2000—2011 年 G7 国家股票交易额占 GDP 比例	(63)
表 3-14	2001—2011 年金砖国家货币化率	(65)
表 3-15	2000—2011 年金砖国家国家储备	(66)
表 3-16	2000—2011 年金砖国家银行部门国内信贷占 GDP 比重	(68)
表 3-17	2000—2011 年金砖国家贷款利率	(69)
表 3-18	2000—2010 年金砖国家银行资本对资产的比率	(71)
表 3-19	2000—2011 年金砖国家证券化率	(72)
表 3-20	2000—2011 年金砖国家股票交易额占 GDP 比例	(74)
表 3-21	2000—2011 年 G7 国家外贸依存度	(76)
表 3-22	2000—2011 年 G7 国家进口额	(77)
表 3-23	2000—2011 年 G7 国家出口额	(78)
表 3-24	2000—2011 年 G7 国家货物与服务出口占比	(80)
表 3-25	2000—2011 年 G7 国家国际直接投资净流入	(82)
表 3-26	2000—2011 年金砖国家外贸依存度	(83)
表 3-27	2000—2011 年金砖国家进口额	(84)
表 3-28	2000—2011 年金砖国家出口额	(86)
表 3-29	2000—2011 年金砖国家货物与服务出口占比	(87)
表 3-30	2000—2011 年金砖国家国际直接投资净流入	(88)
表 3-31	两组国家金融发展与国际贸易指标对比	(90)
表 4-1	不同信贷模式对当事人的影响	(111)
表 4-2	A 公司各种套期保值策略的比较	(120)
表 5-1	1980—2010 年中国金融指标变化情况	(126)

表目录

表 5-2	1980—2010 年中国国际贸易指标变化情况	(129)
表 5-3	金融指标相关性检验结果	(131)
表 5-4	贸易指标相关性检验结果	(131)
表 5-5	各变量及其一阶差分的 ADF 检验	(133)
表 5-6	各组 VAR 模型最优滞后期选择结果	(134)
表 5-7	Johansen 协整检验结果	(134)
表 5-8	各分组变量的协整方程	(135)
表 5-9	格兰杰因果检验结果	(142)
表 5-10	1997—2010 年 TOP、FMG、FBAK 季度变化情况	(147)
表 5-11	各变量及其一阶差分的 ADF 平稳性检验	(150)
表 5-12	VAR 模型最优滞后期判断结果	(151)
表 5-13	Johansen 协整检验结果	(152)
表 5-14	格兰杰因果关系检验结果	(154)
表 5-15	省级面板数据单位根检验结果	(157)
表 5-16	省级面板数据协整检验结果	(159)
表 5-17	省级面板数据固定效应与随机效应检验结果	(160)
表 5-18	省级面板固定效应变截距模型估计结果	(161)
表 5-19	国际贸易标准分类(SITC)转换国际标准行业分类(ISIC)权数对照	(164)
表 5-20	不同行业的金融依赖度	(166)
表 5-21	行业面板数据单位根检验结果	(167)
表 5-22	行业面板数据协整检验结果	(169)
表 5-23	行业面板数据固定效应与随机效应检验结果	(170)
表 5-24	行业面板固定效应变截距模型估计结果	(170)

第一章 导言

第一节 选题背景及研究意义

本书选题中的金融发展和国际贸易都是热点词汇，金融业和贸易行业在当今经济活动中也确实是非常重要的两个方面。二者比较而言，金融是一个相对年轻的行业，现代意义上的货币也只有几百年的历史（信用货币是具有代表意义的现代货币，例如，银行券（banknote）便是在19世纪才在欧洲广泛流通的一种纸质货币）。但金融业的发展速度却非常快，它在过去的一个世纪里，更是呈现出加速的趋势，现在已经成为第三产业的中坚力量。单纯的数量规模等指标不足以准确反映金融业的重要作用，它为经济提供的便利和对经济的推动力同样不容忽视，甚至有种观点认为金融已经成为经济发展的引擎。在当今世界各国都普遍重视金融发展的大环境下，我国也同样把金融业看作一个重要产业来加以规划。党的十八大报告就明确提出要"深化金融体制改革，健全促进宏观经济稳定、支持实体经济发展的现代金融体系"。

国际贸易（更准确地说是对外出口）在国民经济中可以直接作为拉动经济增长的一驾马车而存在，在国民收入恒等公式 $Y = C + I + G + NX$ 中，国际贸易的作用得到了清晰的揭示。国际贸易的开展有着悠久的历史，就中国而言，丝绸之路、郑和下西洋都是人们津津乐道的故事，而这也仅是贸易长卷中的一个篇章而已。改革开放以来，我国的进出口贸易取得了长足的发展，特别是在加入世界贸易组织以后，国际贸易更是上升到了前所未有的高度。年出口额世界第一，持续大量的贸易顺差使得我国的外汇储备也是世界第一。相对于金融业，国际贸易的重要性更为广泛地被人们所认知。

　　金融发展和国际贸易发展虽然各自处在不同的领域，但相互间并不是隔绝和孤立的，反而存在着紧密的联系。但二者之间具体是如何影响的，是一方对另一方单向的带动、依赖还是双向的影响和促进，再或者它们之间是否存在制约和抑制，这些问题都值得思考和研究。本书的研究意义还在于现实情况中金融和贸易虽各自取得了较大发展，但似乎仍存在着这样或那样的问题，还没有达到和谐发展互为促进的状态。本书希望通过对二者关系的深入研究，发现金融发展和贸易发展内部存在的具体问题，是什么制约了二者良性互动的实现。找出问题所在，想办法克服制约的短板，实现金融和贸易的协调发展。

一　选题背景

　　中国的金融业和国际贸易都是在进入 21 世纪以后开始加速发展的。但是金融本身对于实体经济而言是把双刃剑，健康繁荣的金融是推动力甚至是引擎，扭曲抑制或过度膨胀的金融能够引发金融危机，破坏实体经济。仅在过去的十几年里就先后发生过墨西哥金融危机，亚洲金融危机，美国次贷危机、欧洲债务危机。特别是 2008 年由次贷危机演变而来的金融危机，其破坏力十分惊人。危机过后，各国都开始反思并采取行动，一方面要加强金融监管，健全金融体系，避免危机的再次发生；另一方面要保持金融活力，继续进行金融创新,为经济实体服务。

从贸易方面来看,不论是亚洲金融危机还是美国次贷危机,每次金融危机似乎都会对贸易构成严重打击,有时甚至让人觉得,金融危机后对贸易的影响比对金融行业的影响还要大。但凡事都有两面性,我国长期的粗放型外贸出口方式早已显现疲态,出口方式转变和出口结构升级亟待进行。金融危机后我国外贸政策调整的步伐会进一步加快。党的十八大报告更是高瞻远瞩,直接把贸易放到一个更完整的经济框架中来规划,用"提高开放型经济水平"来替代"扩大开放"的提法。

综上,金融业和贸易业的发展都不应作为一个单独的行业来看待,而应放到整个经济系统中来进行。具体来说,就是金融和贸易的开展都要以有利于对方的发展为导向,都要为对方的发展提供支持。它们之间是互为导向、相互促进的关系。

二 研究意义

如何推进金融体制改革,如何实现金融创新与金融监管的完美平衡,这是当前我国金融发展中正在思考的问题。而思考这个问题的根本目的在于如何让金融发展更好地支持和服务于实体经济。进一步讲,这个实体经济应该是开放型的社会主义市场经济。同样的问题也是国际贸易发展应该思考的。因为国际贸易涵盖的范围非常广泛,几乎涉及所有产业。换句话说,国际贸易的进一步发展不能仅仅为了出口顺差和就业,而应该从对整体经济的带动支持上考虑。

所以,当金融发展和国际贸易由于同样的使命走到一起时,本书的研究意义也由此产生。本书的研究是要深入分析金融和贸易之间是如何相互影响的,具体的影响因素和渠道是什么,影响的结果有多大。若以整个经济为一个大的系统，则金融和贸易变量都是内生的，研究结果将有助于在决策时进行合理调控，以使得金融和贸易相互协调、互相促进，最终实现整体经济的发展。

第二节 文献综述

对于金融发展和国际贸易是否存在密切的联系，现有的研究已经作出了肯定的回答。各种研究的不同在于，有的认为这种联系是直接的，有的认为是间接的。在研究二者关系的角度上，有的把金融发展作为解释变量，有的把贸易作为解释变量。在经验分析中，现有研究选取的指标也多有差异，国外和国内的研究结论也不尽相同。下面，本书将分别从金融视角、贸易视角以及针对中国的经验分析三个方面加以梳理，最后对已有文献研究进行评述。

一 金融发展影响国际贸易视角的研究

现有研究很多都集中在从金融发展的视角来看对国际贸易的影响。不同的研究侧重于分析金融和贸易的不同方面。

（一）早期经济思想中对金融与贸易关系的研究

《论货币的最初发明》是目前查到的关于金融发展与国际贸易理论方面研究的最早的一部著作。在这部14世纪出版的书中，作者奥雷斯姆指出：货币重量的减少和货币成色的降低会对货币兑换和贸易发展产生不利的影响。其思想类似于我们常说的"格雷欣法则"。后人进一步总结为，货币质量不仅关系到金融本身而且对国际贸易的开展也存在重要影响。又过了两个世纪，学者莫利诺斯在他的《论契约与高利贷》一书中也探讨了商业经营与借贷融资问题。书中认为如果在贸易中（包括国内贸易和对外贸易）出现经营资金的不足会带来很大的不利影响，因此有必要广泛开展借贷、融资活动。在1752年由英国学者大卫·休谟提出的价格—现金流动机制（也称"休谟机制"）中也揭示了金融与贸易之间的关系，当一国的国际收支失衡以后，汇率的变动会引起出口商品价格变化，进而使对外贸易反向变动，最终实现自动调节的作用。

（二）20世纪80年代以前对金融与贸易关系的研究

到了20世纪，随着国际贸易在世界范围内的广泛开展和金融业的迅速崛起，理论界对于金融的研究也进一步深入。与此同时在凯恩斯思想的影响下，政府加强了对经济和贸易政策的调控，金融理论的指导作用越发受到各国政府的重视。这一时期涌现出了很多理论，其中具有代表性的理论包括贸易乘数理论、国际短期资本流动理论和银行信用创造论。三个理论的代表人物分别是凯恩斯、金德尔伯格和熊彼特。此外，还有一些学者从不同视角来考察金融对贸易增长的作用机制，如金融的资源配置功能视角（帕特里克，1966）、金融储蓄转化为投资的功能视角（格利和肖，1969）、金融提供流动性以分散风险的视角（希克斯，1971）等。另外有两位不得不提的人物是罗纳德·麦金农和爱德华·肖，两人都在1973年发表了重要著作。《经济发展中的货币与资本》和《经济发展中的金融深化》是二人的代表作，二人借此共同开创了现代意义上的金融发展理论。一方面他们明确指出为实现金融深化和国际贸易的共同发展应该注重金融与贸易自由化的次序，要努力消除金融抑制，深化金融改革。另一方面他们的开创性研究为后人研究的继续和深化打下了良好的基础。

（三）20世纪80年代至今对金融与贸易关系的研究

有了前人的铺垫，这一阶段的研究主题变得很明确了。越来越多的研究把关注重点放在金融发展和经济增长上，旨在厘清它们之间的相互关系。另一个重点研究内容就是金融发展对贸易的影响机理了,这一问题直到现在依然广受关注。

K. Kletzer 和 P. Bardhan(1987)的研究考察了两种不完善市场的情况:一种情况是,考虑了存在主权风险下国际信贷市场上的道德风险的影响。另一种情况是,在不完全信息下国内机构执行信贷合同的国家间的差异。研究表明,金融制度也可以和传统的比较优势一样,构成国际贸易的比较优势。也就是说,即使两个国家之间的技术水平和资源禀赋是一样的,只要是信贷市场不完善,国家间的比较成本就会有差异,从而对国际贸易产生影响。

Baldwin(1989)研究这样一种情况:当企业在出口中面临需求风险时,它会有动力寻找能够分散风险的途径,在金融发展程度高的国家,企业就容易找到,因此企业可以从事具有需求风险产品的生产和出口。但是在金融发展程度低的国家,企业就缺乏这种风险分散的渠道,因而只好生产需求稳定的非风险品。这样两国的分工模式就得以产生,贸易交换得以进行。

Rajan 和 Zingales(1998)的研究主要针对行业层面。他们通过选取1980年到1990年,来自36个不同行业的美国企业的数据测量了不同的行业外部融资的依赖度,为后人在行业方面的研究提供了范例。他们首先承认不同的行业部门对外部金融存在不同的依赖程度,然后重点关注这种依赖度不同在金融发展中会对企业带来何种影响。结论是越是金融依赖度高的行业在金融发展中越受益,可以有效地降低融资成本。而金融发展程度低的国家里,金融依赖度高的行业受制于过高的融资成本将得不到发展的支持。这样分工的格局就得以确定,进而贸易模式也得以形成。

Beck(2003)考察了金融发展和国际贸易在制造业上的联系。理论模型是基于金融中介可以为具有规模效应、高收益的项目提供便利的视角,揭示了金融发展水平较高的经济体在制成品部门具有比较优势。实证模型是将金融契约理论加入 H-O 模型,假定国内存在食物部门和制造业部门(外部融资依赖度较高),前者是规模收益不变,后者则是规模收益递增的。这两个行业部门在金融发展中受到的影响完全不同。对于封闭经济,当金融水平提高从而降低制成品部门的金融搜寻成本时,该行业出现超额利润,会引起食品部门的企业进入。对于开放经济,金融发展水平高(金融搜寻成本低)的国家会在制成品生产上形成优势,然后向国外输出制成品,同时从国外进口食物产品。此处对两国的假设并未包括技术和禀赋方面的差异,说明金融发展本身就可以构成贸易的比较优势,决定分工格局和贸易模式。

Ju 和 We(2005)的研究是想建立一个由金融发展和要素禀赋共同决定比较优势的理论模型。该研究将 Holmstrom 和 Tirole(1998)的金融合约模型引入 H-O-S 框架中,得到一个关键的结论是贸易的"木桶原理"。即当一个国家的金融发展水平较低时,企业家无法从资本所有者那里获得按照均衡利率提供的全部资金,此时,外部金融约束增强,成为木桶的最短板块,所以对国内产业结构起决定作用的是金融发展水平。金融发展水平会经历从低级到高级的发展阶段:当处于低级阶段时要素禀赋是长板,金融发展是短板;当发展到高级阶段时,金融就不再是短板或瓶颈,此时要素禀赋又称为贸易分工的决定力量。在开放经济体中,金融水平先开展起来的国家就先具有比较优势。

K. Manova(2008)的研究检验了一个不完善的金融市场对国际贸易的不利影响。文中建立的异质性企业模型引入了不同金融发展水平的国家和不同金融依赖型部门。研究表明在信贷约束有效的条件下,金融发展对贸易出口的影响远大于对所有产品的影响。另外,金融发展程度高的国家具有更大的出口广度和出口深度。当各国都针对一个大的目标市场出口时,金融制度更完善的国家会有更多的贸易伙伴也更容易进入其他小的市场。

Antras 和 Caballero(2007)的研究焦点是金融发展水平与国际资本流动方向。他们认为在金融发展水平低的国家,由于存在金融摩擦,其行业部门不具备出口竞争力,但是国际资本的流动和贸易是同方向的。Ju 和 We(2007)也研究过这一问题,他们认为如果不考虑直接投资,金融发展水平低的国家会出现资本净流出,该国由于资本的缺乏将只能生产和出口劳动型产品。但是考虑到国际直接投资,很可能从金融水平低的国家流出的金融资本又变成直接投资的形式,重新回流到国内。

二 国际贸易影响金融发展视角的研究

在研究金融发展影响国际贸易的机理和渠道的同时,也有少量的研究是从国际贸易影响金融发展的思路进行的。

(一) 早期国际贸易影响金融的研究思想

重商主义学派对国际贸易和金融的研究可以认为是这方面最早的理论探索。该学派的观点是,货币是财富的唯一形态,要想取得货币财富,除了开采(受限于储量)就只有靠贸易获得。由于一个国家的金银储量在特定时期是固定的,无法增加,所以对外贸易是获得财富的最好的来源。重商主义信奉"零和博弈",认为一国于贸易中所得便是另一国于贸易中所失。因此非常强调在对外贸易中,应该多出口少进口,以保证贸易顺差,进而使金银流入国内,增加国内的财富存量。

(二) 国际贸易影响金融发展研究的新进展

Savleryd 和 Valchos(2002)对金融发展与贸易开放做了格兰杰

因果关系检验，得出结论：一国贸易开放是该国金融市场发展的格兰杰原因，但是反过来金融发展不是贸易开放的格兰杰原因。

Aizenman（2003）的研究是从贸易开放与金融抑制的因果关系角度来考察的。研究认为一个经济体越是贸易开放度提高，该国对金融抑制的成本越会增加，当贸易开放达到一定程度就会催生金融自由化的发生，使金融得以深化和发展。

Do 和 Levchenko（2006）对贸易结构和金融发展之间的联系进行了检验。他们在实证模型中建立了一套出口贸易对外部融资需求的测量方法。选用了一组 1970 年至 1999 年 96 个国家的分行业出口数据，在各行业外部融资依赖度上参考了 Rajan 和 Zingales（1998）的研究。在方法论上借鉴了 Almeida 和 Wolfenzon（2005）将一国贸易结构引致的外部融资需求进行归纳的方法。研究结果表明一国出口贸易对外部融资需求会对该国金融发展产生显著且长期的影响。

Law 和 Demetriades（2006）的研究选取了 1980 年到 2001 年 43 个发展中国家的数据，建立动态面板模型进行研究。结果证明贸易开放和制度是对金融发展很重要的决定因素。贸易开放和资本流动对于促进中等收入国家的金融发展作用特别明显，但是对低收入国家的促进作用就弱很多。

三　针对中国的经验研究

对于金融发展与国际贸易间一般性关系的研究主要是国外的比较多。针对中国情况的研究则是国内学者集中的领域，而且基本上都采用了实证的经验分析，主要就是否存在协整关系和格兰杰因果关系进行检验，指标和数据不同，结论也不大一样。

（一）金融发展与国际贸易不存在长期稳定的均衡关系

白当伟（2004）在他的博士论文中主要想研究两个问题：一是

金融发展能否促进国际贸易的发展；二是如果能够促进，会通过什么样的机制和渠道。在利用国别数据得到金融和贸易存在长期稳定关系后，继续对中国1978年到2001年的数据进行检验，通过建立VAR模型，进行协整检验。文中代表贸易的指标选取了贸易开放度和制成品在总出口中所占比重这两个指标，代表金融发展的指标选取了金融深度指标。结果显示，中国的金融发展与国家贸易不存在长期稳定关系（协整关系）。中国的国际贸易发展没有得到来自金融发展的促进作用。

（二）二者之间的关系以金融发展影响国际贸易为主

孙兆斌（2004）的研究选取1978年到2002年的年度数据，用制成品出口结构代表贸易指标，用非政府部门筹资额代表金融指标。研究表明，金融发展和贸易结构之间存在长期均衡关系，前者是后者的格兰杰原因，反之不成立。

沈能（2006）利用改革开放以来1980年到2003年为分析样本，探讨了金融发展与国际贸易的内在关联机制。文章选用贸易开放度作为贸易指标，选用金融发展规模和金融效率作为金融指标。通过格兰杰分解检验和协整分析方法，就金融发展与国际贸易的因果关系以及动态演进进行实证检验。研究结果表明：无论从长期还是短期来看，金融发展规模与贸易开放度都存在正相关关系，且两者之间具有双向因果关系。进一步观察，发现金融规模对国际贸易的因果关系更为明显。

（三）二者之间的关系以国际贸易影响金融发展为主

梁莉（2005）的研究中代表贸易的指标选用了贸易开放度，代表金融的指标选用了金融深度指标、BANK指标和股票市场规模指标。文章通过协整分析和格兰杰因果检验，得出结论：贸易开放度与三个金融指标中的两个具有协整关系，但是与BANK指标之间不具有协整关系。进一步格兰杰检验发现，贸易开放度是金融深度和股票市场规模这两个指标的格兰杰原因，但是这两个金融指标并不是贸易开放度的原因。

钟晶晶（2009）的研究强调了贸易在二者关系中的主导地位。认为在金融发展与国际贸易关系中，贸易开放度是金融规模和金融效率的格兰杰原因，反之不成立。

四　对文献的简单评述

国外现有文献研究在论述金融发展与国际贸易的关系时，大多把金融作为一种资源禀赋或约束条件来看待，把国际贸易作为一种需求的推动力来看待。在数据选取上有跨国面板数据，有行业面板数据。各类研究结论基本一致，都认为金融发展和国际贸易间存在较为显著的正相关关系。不同研究的指标选取也代表了来自不同的作用渠道的影响。国外的代表性研究如表1-1所示。

表1-1　　　　国外有关金融发展与国际贸易关系的研究

代表人物	代表文章	研究角度	模型主要贡献	主要结论
K. Kletze & P. Bardhan (1987)	Credit Markets and Patterns of International Trade	主权风险和不完全信息	国际信贷市场和国内信贷机构的差异	法律制度差异和主权风险对贸易流向有影响，金融制度本身也是一种比较优势，从而对国际贸易产生影响

续表

代表人物	代表文章	研究角度	模型主要贡献	主要结论
Baldwin (1989)	Persistent Trade Effects of Large Exchange Rate Shocks	金融市场的风险分散功能	2*2*1模型。两个国家、两种产品、一种要素（劳动）	金融市场完善则企业可以较好地分散风险，因而生产并出口风险品。反之，生产并出口非风险产品
Rajan & Zingales (1998)	Financial Dependence and Growth	公司的外部融资成本	1980年到1990年美国36个不同行业外部融资依赖度	金融发展成为产业的规模构成和产业集中度的决定因素之一，金融发展通过改变国家间的产业分工以影响贸易
Svaleryd & Vlachos (2001)	Financial markets, the pattern of industrial specialization and comparative advantage: Evidence from OECD countries	金融发展与制造业比较优势	20个OECD国家32个行业的面板数据模型	金融发展水平高的国家专业化于生产外部金融依存度高的产品
Beck (2002)	Financial development and international trade: Is there a link?	金融中介可以为具有规模效应、高收益的项目提供便利	将金融契约理论加入H-O模型。假定金融发展可以降低搜寻成本，影响到企业的技术选择和生产决策	金融发展不论在制造业产品的出口还是贸易平衡方面都具有重要影响

续表

代表人物	代表文章	研究角度	模型主要贡献	主要结论
Levchenko (2004)	Institutional Quality and International Trade	金融发展与实际产出	96个国家30年跨度的面板数据模型	国际贸易会影响产出的变化，产出的变化会影响金融发展，因而国际贸易会影响金融发展
Ju & Wei (2005)	Endowment versus Finance: A Wooden Barrel Theory of International Trade	金融发展与要素禀赋共同决定比较优势	将金融合约引入H-O-S框架，提出"木桶原理"	资本禀赋约束和受金融市场发展程度决定的外部融资约束相比较，较低的一方会成为起决定作用的短板
Law & Demetriades (2006)	Openness, Institutions and Financial Development	贸易开放、制度和金融发展的关系	选取了1980年到2001年43个发展中国家的数据，建立动态面板模型进行研究	贸易开放和制度是对金融发展很重要的决定因素。贸易开放和资本流动对于促进中等收入国家的金融发展作用特别明显，但是对低收入国家的促进作用就弱很多

续表

代表人物	代表文章	研究角度	模型主要贡献	主要结论
J Hur, M Raj & Riyanto (2006)	Finance and Trade: A Cross-Country Empirical Analysis on the Impact of Financial Development and Asset Tangibility on International Trade	金融发展、资产有形性和国际贸易间的相互影响	使用42个国家中27个不同外部融资依赖和不同资产有形性的行业数据模型	金融发展水平较高的经济体在无形资产多的行业里具有较高的出口份额和贸易平衡。更高水平的财产权保护在无形资产更多的行业导致更高的出口份额和贸易平衡
Antras & Caballero (2007)	Trade and Capital Flows: A Financial Frictions Perspective	金融市场不完善下国际资本流动方向	在模型中引入金融摩擦	贸易和资本的流动呈现互补关系，能够缓解金融欠发达国家的资本错配问题
Ju & We (2007)	Domestic Institutions and the Bypass Effect of Financial Globalization	资本流动对经济体分工的影响	考虑了金融资本流动和直接投资都存在的情况	只有资本流动时，南方在分工中只从事劳动密集型产品的生产。加入直接投资后，资本先流入北方又以直接投资的形式流回南方

续表

代表人物	代表文章	研究角度	模型主要贡献	主要结论
K. Manova (2008)	Credit constraints, equity market liberalizations and international trade	不完善的金融市场对贸易出口的影响	建立的异质性企业模型引入了不同金融发展水平的国家和不同金融依赖型部门	在信贷约束有效的条件下，金融发展对贸易出口的影响远大于对所有产品的影响
BH Baltagi, PO Demetriades &SH Law (2009)	Financial development and openness: Evidence from panel data	贸易开放与金融开放对金融发展的影响	来自发展中国家和工业化国家的年度数据和动态面板估计技术	贸易（金融）开放的边际效应与金融（贸易）开放是负相关关系，相比贸易和资本账户的开放而言，封闭经济体获益更多

资料来源：根据有关文献资料整理。

  相比国外的研究，国内对于金融发展与国际贸易的研究几乎都是基于国外现有模型对中国的情况进行的经验分析性研究。部分研究成果如表1–2所示，但是对国内金融发展与国际贸易关系的分析国内的研究结论并不相同。

表 1-2　　　　国外有关金融发展与国际贸易关系的研究

代表人物	代表文章	金融指标	贸易指标	主要结论
胡岩（2003）	金融发展与中国经济发展中的比较优势变迁	银行贷款/GDP；IPO累计数/GDP；人均资本增量	劳动密集型出口占比；资本密集型产品出口占比	银行贷款占GDP的比重上升有利于出口结构的改善，使资本密集型产品出口占比提高，但股市发展与贸易结构改善无关
倪克勤、郑平（2004）	贸易开放与金融发展	（资本流入＋资本流出）/GDP	进出口总额/GDP	贸易开放与金融开放具有显著正相关，金融抑制的程度与征税成本及国内储蓄额成正比，与贸易开放度成反比
孙兆斌（2004）	金融发展与出口商品结构优化	非政府部门信贷/GDP	制成品出口占比	金融发展与出口商品结构指标存在长期均衡关系。金融发展是国际贸易指标的格兰杰原因，但反过来不成立
白当伟（2004）	金融发展中的国际贸易：理论与实证研究	M2/GDP	进出口总额/GDP；制成品出口占比	中国的金融发展与国际贸易不存在长期稳定关系（协整关系）。中国的国际贸易发展没有得到来自金融发展的促进作用
梁莉（2005）	我国贸易开放度与金融发展关系实证研究	M2/GDP；存款货币银行国内资产占其与央行国内资产之和的比重；股票市场市值/GDP（季度数据）	进出口总额/GDP	贸易开放度与三个金融指标中的两个具有协整关系，但是与BANK指标之间不具有协整关系。进一步格兰杰检验发现，贸易开放度是金融深度和股票市场规模这两个指标的格兰杰原因，但是这两个金融指标并不是贸易开放度的原因

续表

代表人物	代表文章	金融指标	贸易指标	主要结论
陈建国、杨涛(2005)	中国对外贸易的金融促进效应分析	(资本消耗－运营资本现金流入)/资本消耗	各行业出口/GDP	随着金融发展程度的提高,某些对金融依赖程度高的技术密集型行业的出口占GDP的比重持续上升。某些对金融依赖程度低的劳动密集型行业的出口占GDP的比重持续下降
齐俊妍(2005)	金融发展与贸易结构——基于H-O模型的扩展分析	存款货币银行资产/GDP;M2/GDP;商业银行信贷/GDP;私人部门信贷/GDP	制成品出口占比;出口额/GDP	金融发展水平与出口规模扩大具有显著正相关,与出口结构关系不显著。银行系统是企业包括私人部门融资的主要途径,在贸易结构优化中有重要作用
沈能(2006)	金融发展与国际贸易的动态演进分析	M2/GDP;非国有经济贷款/GDP	进出口总额/GDP	无论从长期还是短期来看,金融发展规模与贸易开放度都存在正相关关系,且两者之间具有双向因果关系。进一步观察,发现金融规模对国际贸易的因果关系更为明显
徐建军,熊德平,汪浩瀚(2008)	中国金融发展与外贸关系的面板协整检验和因果分析	金融机构的存贷款额/GDP	出口额/GDP;进口额/GDP	金融发展与出口贸易、金融发展与进口贸易之间都存在长期均衡稳定关系;而基于面板误差修正模型的格兰杰因果检验则表明金融发展与对外贸易之间同时存在长、短期双向因果关系

续表

代表人物	代表文章	金融指标	贸易指标	主要结论
朱彤，郝宏杰，秦丽（2007）	中国金融发展与对外贸易比较优势关系的经验分析	外部融资依赖度	行业比较优势CTB	金融发展通过外部融资支持提高了对外部融资依赖度较强行业的比较优势
钟晶晶（2009）	贸易开放与金融发展互动关系研究	M2/GDP；金融资产总额/GDP；工业贷款/GDP	进出口总额/GDP	金融发展规模指标无论在短期还是长期都对贸易开放存在因果关系，但反过来贸易开放对金融发展规模没有长期因果关系。金融效率与国际贸易之间虽存在即时因果关系，但长期来看，只能得到贸易开放是金融效率的因果关系，反之不成立
李美平（2011）	中国对外贸易与金融发展的互动关系特征及实证检验	金融总资产/GDP；金融机构存款余额/金融机构贷款余额；（债券余额＋股票市值＋保费收入）/金融总资产	进出口总额/GDP	对外贸易与金融发展规模不论长期还是短期变动上均存在显著双向因果关系，对外贸易与金融发展效率只存在单方向长期因果关系，对外贸易与金融发展完善指标不存在显著因果关系。从总体反馈份额来看，呈现出对外贸易带动金融发展的主导关系

资料来源：根据有关文献资料整理。

国内研究之所以存在结论上的不同，主要有以下三个原因：一是实证方法的差异，有的研究用时间序列的协整和格兰杰检验的方法，有的研究用面板回归的方法，还有的用了更为复杂的面板协整方法。二是考察的时间跨度不同，由于我国处在市场经济的转轨时期，特别是金融发展的情况近年来发生了很大变化，所以不同时期的数据可能会得出不同的结论。三是考察对象的差异，有的研究是分行业进行的，有的研究是分省市区域进行的，有的研究则是对全国整体进行的。四是具体选用的指标不同，同样考察金融指标有的选用规模指标，有的选用深化指标，有的选用效率指标。甚至是对于同一个具体指标用的数据也不一样，如钟晶晶（2009）在衡量金融发展效率指标时，本该用金融系统或银行系统对私人部门的信贷数据，但是由于数据获得的便利，其用了工业贷款与 GDP 的比率来替代。

从既有的研究可以看出，金融发展与国际贸易的理论框架在最近三十年得到了进一步完善，金融发展与贸易增长相互作用在理论和实证层面的研究都取得了较大进展。但是相关研究仍存在以下不足之处。

第一，在讨论金融发展与国际贸易关系的框架里，现有分析过于集中在金融发展理论范畴，从贸易理论出发的研究尚显不足。

第二，现有理论研究特别是国外用于一般性结论的依据都是较成熟的经济体如 OECD 国家。随着新兴市场国家的发展，考察的样本应该纳入更多的发展中国家样本，比如金砖国家 BRICS。

第三，针对中国的经验研究，选取的样本较小，指标较为单一。现有研究大多是以全国的行业整体数据来建模，很少从省市、行业等层面进行更为丰富立体的研究。

第三节　基本概念的界定及结构安排

一　基本概念的界定

（一）金融发展

作为一个专用术语，金融发展（financial development）按照戈德史密斯的解释，是指金融结构的变化[①]。进一步是指金融工具的结构和金融机构的结构组合在一起构成的特征不同的金融结构。金融发展程度总是和金融工具和金融机构的数量、品种呈正相关关系，前者越高，后者代表的金融的效率就越高。对金融发展的考察，常以金融规模的增长、金融结构的改善和金融效率的提高为分析视角。

（二）国际贸易

国际贸易（international trade）从一个国家的角度来看也称为对外贸易。因其由进口贸易和出口贸易两方面组成，所以也可以称为进出口贸易。由于大多数国家都非常重视出口，因而有时候也被不严格地理解为更为狭义的出口贸易。国际贸易发展体现在贸易规模的扩张、贸易结构升级和贸易品国际竞争力提高这几个方面。虽然国际贸易从内容上讲，至少包括商品贸易和服务贸易。但是针对本书研究的目的，文中所论述的国际贸易，仅指商品贸易，而且在文中提到中国的国际贸易和中国的对外贸易时不加以区分。

（三）衡量金融发展的基本指标

关于金融发展的衡量指标，有两大类，见表1-3。一类是衡量金融规模和金融深化的指标，另一类是衡量金融效率和金融结构的

[①] 黄达：《货币银行学》，中国人民大学出版社第三版。

指标。其中，最常用的指标有货币化率、信贷总额占比、私人部门信贷比率、存款货币银行资产占比。

表1-3　　　　　　　　　金融发展的衡量指标

1. 金融规模（含深度）指标	（1）金融相关率：指某一时期一国全部金融资产价值与该国经济活动总量的比值。金融资产包括：非金融部门发行的金融工具（股票、债券及各种信贷凭证）；金融部门发行的金融工具（通货与活期存款、居民储蓄、保险单等）以及国外部门的金融工具等。经济活动总量常用GDP表示
	（2）信贷总额占比：金融机构全部贷款总额占GDP的比例，用来反映金融发展的规模，也可用来衡量金融深度
	（3）货币化率：通常采用货币供给量与GDP的比值来间接表示货币化的程度
	（4）股票市场成交量比率（即股票成交量/GDP）以及股票的换手率（即股票成交量/流通股本），用来衡量股票市场发展程度
2. 金融效率（含结构）指标	（1）主要金融资产如短期债券、长期债券和股票等占全部金融资产的比重
	（2）信贷转化率：金融机构贷款总额与存款总额之比，衡量金融体系将储蓄转化为投资的效率
	（3）金融机构间相关程度指标：各类金融机构的资产分别占全部金融机构总资产的比率，该比率称为"分层比率"
	（4）存款货币银行资产占比，即商业银行资产除以商业银行与中央银行资产之和，用于分析商业银行与中央银行在配置社会储蓄中的规模对比
	（5）私人部门信贷占比，即分配给私人部门信贷与国内总信贷的比率或者通过金融中介分配给私人部门的信贷与GDP的比率，用来衡量信贷在私人部门与公共部门之间的分配

资料来源：根据黄达（2012）《货币银行学（金融学）》整理。

（四）衡量国际贸易的指标

关于国际贸易的衡量指标大致可分为规模指标、结构指标和竞争力指标三类，见表1-4。其中，最常用的贸易指标是外贸依存度、贸易结构和贸易竞争力指标。

表1-4　　国际贸易的衡量指标

国际贸易规模指标	（1）贸易额：用该国货币或者国际惯用货币表示的一个国家在一定时期内的进口额、出口额或进出口总额。各国在统计有形商品时，出口额以FOB价格计算，进口额以CIF价格计算
	（2）贸易量：以固定年份为基期而确定的价格指数去除报告期的贸易额，得到的就是报告期的贸易量，贸易量剔除了价格变动影响
	（3）对外贸易依存度：一般用对外贸易额进出口总值在国民生产总值或国内生产总值中所占比重来表示。贸易依存度=对外贸易总额/国民生产总值。外贸依存度分为出口依存度和进口依存度。出口依存度=出口总额/国民生产总值；进口依存度=进口总额/国民生产总值
国际贸易结构指标	贸易结构：对外贸易商品结构是指一个国一定时期内，各种类别的进出口商品占整个进出口贸易额的份额。《国际贸易标准分类》（SITC）把有形商品依次分为10大类，其中0—4类商品称为初级品，5—8类商品称为制成品。初级产品、制成品在进出口商品中所占的比重就表示了贸易的商品结构
国际贸易竞争力指标	（1）贸易差额：出口额减去进口额，若为正则是顺差额，若为负则是逆差额
	（2）国际贸易条件：出口商品价格与进口商品价格的对比关系，表示出口一单位商品能够换回多少单位进口商品。计算公式是：出口价格指数除以进口价格指数，再乘以100（假定基期的贸易条件指数为100）
	（3）贸易竞争力指数：一国进出口贸易的差额占进出口贸易总额的比重，即（出口额-进口额）/（出口额+进口额）
	（4）显性比较优势指数：一个国家某种出口商品占其出口总值的比重与世界该类商品占世界出口总值的比重二者之间的比率

资料来源：根据国际贸易有关文献整理。

二 结构安排

本书由六章三部分内容组成，三部分内容分别是：研究基础、研究主体、研究结论。研究基础部分由两章组成，分别是：第一章"导言"和第二章"理论基础"。研究主体部分由三章组成，分别是：第三章"主要经济体金融发展与国际贸易关系考察"、第四章"金融发展与国际贸易间作用机理研究"和第五章"金融发展与国际贸易关系的中国经验分析"。研究结论部分为第六章，即"结论建议及展望"。

全文以金融发展与国际贸易相互关系为研究主线，论文研究的逻辑结构图如下。

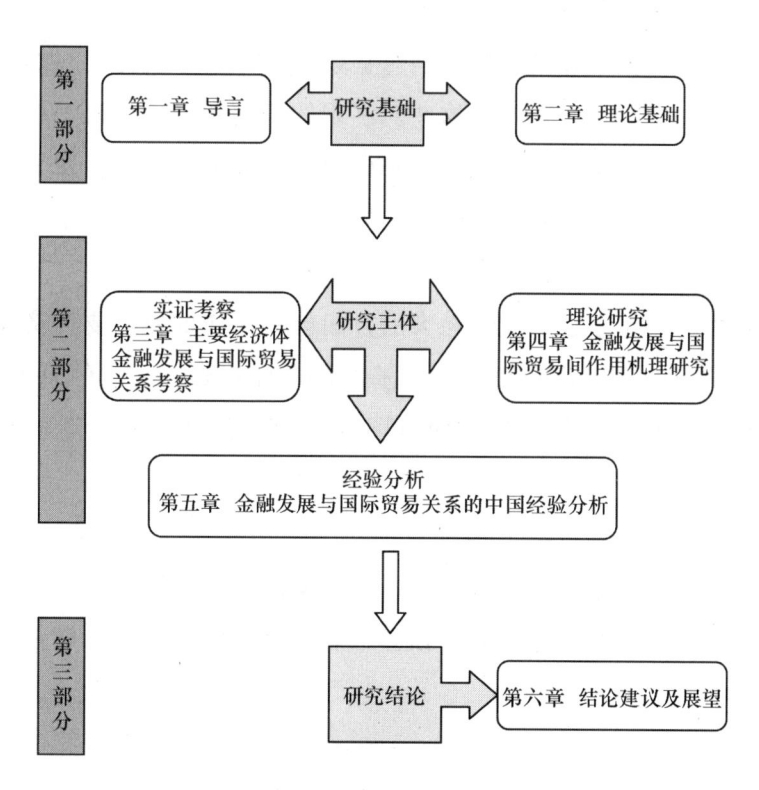

金融发展与国际贸易关系研究逻辑结构图

第四节 研究方法

本书在写作中应用以下方法对金融发展与国际贸易关系进行研究。

第一，理论研究与经验分析相结合。

本书第二章旨在构建理论框架，为全文的研究奠定理论基础。第四章的作用机理研究也是从理论层面进行。而本书第五章则是对中国的经验分析，以揭示我国金融发展与国际贸易之间的长期和短期关系。

第二，实证分析与规范分析相结合。

本书的第三章和第五章分别对金融发展和国际贸易之间的关系做了实证考察和经验分析，这些对客观的表述和量化分析都属于实证分析范畴。而本书的第六章，则是出于更好地发展国际贸易和促进金融发展而进行的建议和阐述，属于规范分析范畴。

第三，对比的分析方法。

本书运用了多处对比。在大的方面有中国和世界主要经济体的对比。文章的第三章和第四章，基本是全球视野，文章的第五章，则是中国的角度。在小的方面有国内不同省份和不同行业的相互对比。

第四，计量经济学工具。

本书的写作中用到了大量计量经济学的研究方法。在第五章的经验分析中就包括协整检验、误差修正、脉冲响应等，以期使得研究结论更为客观和准确。

第二章 理论基础

第一节 金融发展的相关理论

本章对于金融发展理论的考查,主要是围绕金融发展对经济增长的影响进行的。经济增长作为一种纽带,可以将金融发展和国际贸易联系到一起。

一 金融发展的早期理论

17世纪和18世纪的一些金融早期文献可以认为是金融理论的最初萌芽。当时各国的金融体系尚未建成,时代背景是欧洲资本主义经济得到初步发展。一些学者如洛克、斯密和边沁等都注意到了有效运行的金融借贷体系对于产业部门发展的重要性。认识到了强大的货币体系和不受约束的金融中介的重要性,并在他们的著作中表述了这种思想。

(一)熊彼特基于企业家才能和创新角度的研究

熊彼特的研究是早期关于金融发展最具代表性的研究之一,在熊彼特的研究中他特别强调银行家的作用。熊彼特认为,企业家想要创新,必须要得到信贷的支持。"纯粹的企业家在成为企业家之前必须首先使得自身成为债务人"①，换句话说，企业家才能的发挥、技术创新的进行以及经济发展都要以金融体系功能的实现为先决条件。金融系统为整个经济提供信贷，从这个意义上讲，金融发展与经济增长被紧密联系起来。这好比是金融系统居于核心，它向外面的经济体系传递一个信号指令，要求经济体系来服务企业家，让企业家可以生产所需要的产品。简而言之，就是说金融体系为企业家赋予了生产性的力量。在熊彼特看来，银行家应该被置于经济发展的核心地位，享受到极高的评价。其理论逻辑是：经济增长的源动力是企业家的创新，企业家创新要依赖于生产要素能按需配置，要素配置的背后就是资金的配置，而银行家在资金配置中具有核心作用。在熊彼特看来，银行家不仅仅是经济活动的参与者，他似乎承担了某些经济管理者的职能。通过银行家和企业家这个角度去研究金融发展和经济增长的关系颇为独特，这为后来的学者在金融发展和金融深化理论中的研究提供了宝贵的借鉴。

（二）戈德史密斯基于金融结构视角的研究

戈德史密斯对于金融发展的研究在当时是最有代表性的，其著作《金融结构与发展》（1969）具有开创性意义。他认为金融研究的一个重要目的就是要通过分析找到是哪些要素决定着金融结构，以及其影响作用机理。各国的金融结构不仅存在明显的差异，而且一国的金融结构还会随着时间的推移发生改变。金融结构的变化在各国并不同步，因国家不同而呈现不同的特点和轨迹，甚至有很大的差异。具体讲，在各国自己的经济发展时序上，金融工具的类型，金融机构的种类，金融发展相对于经济的增长速度，金融部门向经济部门渗透影响的方式，金融结构适应整体经济结构改变的速

---

① 娄淑志：《论农村信用社产权模式选择的多样化》，博士学位论文，复旦大学，2003年，第24页。

度等方面都存在着该国自己的特点，国家之间并不相同。这些不同体现了各国金融发展的不同特征。各国金融发展的差距会向上体现在金融上层结构和国民产出上层结构的关系上来。

戈德史密斯的另一贡献是提出了一系列的衡量金融发展的指标，并将其应用到实证检验中。如金融相关度指标 FIR，即用现存的金融资产占国民财富的比例来反映金融上层结构和经济上层结构的关系。戈德史密斯《金融结构与发展》中的研究选取了 30 多个国家近 100 年内的金融发展状况作为样本，得出的主要结论有：1. 金融相关率随经济发展不断提高，但有上限。2. 金融相关率在发达经济体要比落后国家高很多。3. 银行资产对金融机构全部资产的比重趋于下降。4. 融资成本在落后国家远高于发达经济体。

（三）格利和肖基于货币视角的研究

早期金融自由化理论研究的另一个重要贡献来自于格利和肖。《金融理论中的货币》（1960）一书提出了很多不同于传统的观点。作者认为，经济学家研究金融的一个合理思路是将金融视为一个市场，然后在这个市场里去研究所有影响到金融资产市场供给和需求的因素，找到金融市场均衡的条件。在分析方法上作者大量使用一般均衡分析，在满足新古典经济学的诸多假设下（假设充分就业、价格弹性、没有货币幻觉效应和货币分配效应等）进行研究，揭示出货币在金融体系和经济发展中的作用，认为货币在决定产出水平和构成方面扮演着重要角色，并非仅仅是真实经济的面纱。

格利和肖在书中提出了内在货币和外在货币两个概念[①]，认为新古典学派没有区分内在货币和外在货币，若将二者统一到分析的框架中来，则货币政策对经济就具有明显的影响。内在货币和外在

---

① 王曙光：《金融发展理论》，中国发展出版社 2010 版。

货币的结合,使得政府货币当局有可能对收入和财富的实际水平产生影响。

二 金融深化理论——麦金农和肖学派

麦金农和肖指出了金融自由化之利和金融抑制之弊,认为与发达国家相比,发展中国家的金融体制显得很落后,所以发展中国家的重要任务就是在金融自由化方向上做出更多努力。

(一)麦金农和肖关于利率管制的分析

发展中国家存在的金融压抑现象可以从利率管制上得到体现,这种管制是对经济的阻碍和破坏,其经济学原理见图2-1。是麦金农和肖认为对利率管制有诸多弊端,首先会使利率代表的资金价格失真,不能反映市场供求。这样一来,人们就会过多地需求和使用资金。即使效率低下的产业也会毫不吝惜地使用这一低廉的生产要素。其次,对于资金的供给者来讲,利率过低会减少有效供给,或者就要利用非正规的借贷渠道保证自己的利息回报。最后,对整个社会来讲在跨期消费的偏好上会发生影响,大家都愿意当期消费而不愿意为以后储蓄,而这又不利于为投资的积累。

如图2-1所示,横轴代表投资和储蓄函数。纵轴代表利率。三者之间的主要函数关系可以认为是,利率和储蓄正相关,和投资负相关。但是有一个制约条件是投资要有储蓄作为前提和基础,而储蓄又受到经济增长 g 的影响,g 提高,储蓄增加。

情况一:先分析没有利率管制的情况:在图中如果没有利率管制,投资和储蓄相交得到 E 点,均衡利率是 r^*,均衡投资和储蓄是 SI^*。社会福利最大,没有扭曲和闲置,经济增长速度是最大的 g_3。

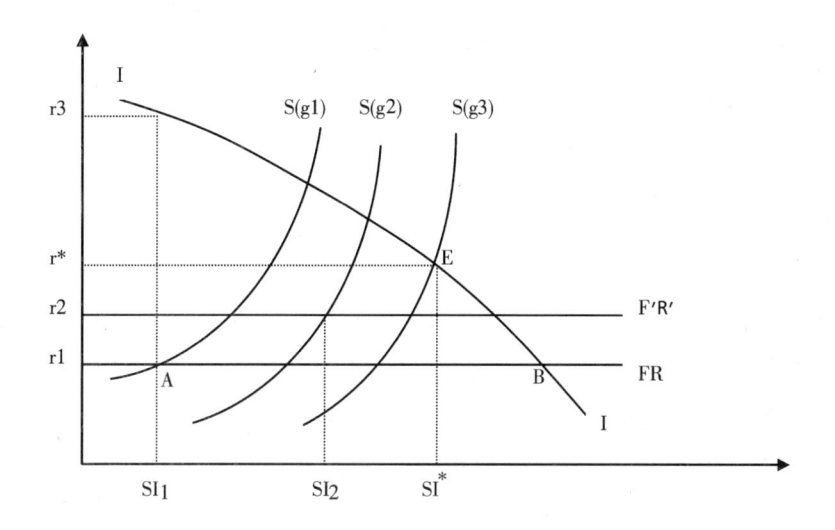

图 2-1 利率管制下的储蓄与投资

情况二：假定政府管制，而且把利率压得很低，为 r1，此时在此利率下的资金需求是非常大的，但是储蓄供给却很低，只有 S1，存在一个明显的缺口。没有储蓄的支持，投资也只能发生在 I1 的水平，市场还是均衡，但是一个非合意的均衡。此时对应的经济增长速度只有 g1。

情况三：如果政府把利率压低在 r1 的同时，放开对贷款利率的限制，那么储蓄没有变化，仍为 S1，但投资会视贷款利率变动的情况而定。此时贷款利率肯定会大幅提高，只要不超过 r3，投资水平就还维持在 I1，如果利率超过 r3，投资水平就会降至 I1 之下。在这种情况下，高于 r1 部分的利率收益被金融机构获得。

从动态来看，如果逐渐放宽对利率的管制，从 r1 到 r2 以至最后取消管制回到 r3，对应的投资将会随储蓄的提高而同步提升。从 I1 到 I2 再到 I3，经济增长速度从 g1 升到 g2 再升到 g3。可见，管制对经济增长确实是不利的。

(二) 肖关于金融自由化对经济增长促进作用的理论

肖的理论强调金融中介的作用，认为在储蓄者和投资者之间有金融中介的存在。金融中介基于自身在信息和规模上的优势能够保证合意的储蓄投资水平，使得储蓄者和投资者都受益。但是，如果政府实施利率管制，会造成扭曲，使得金融中介无法按市场真实供求提供利率，从而投资将减少，阻碍经济。肖认为，取消利率管制有诸多好处，例如：

第一，会吸引更多的储蓄。当不存在利率管制后，国内的储蓄会随利率的提高而迅速增加，甚至会吸引外国的资金流入（前提是本国利率高于外国而不存在资本流动限制）。

第二，会提高投资水平和效率。投资效应并不会因为利率的上升而恶化，因为即使管制下的利率很低，也没有足够的储蓄支持投资。反而在取消利率管制后，利率能反映真实的市场供求，使得储蓄和投资在更高的水平上达到平衡。而且此时的利率上升会使得在利用资金的投向和效率上得到优化。可以有效地避免低效率的投资发生，使资金配置更为合理。

第三，会对收入分配发生影响。取消利率管制，使得投资增加，因而会带动就业增加，使得部分国民产出以工资收入的形式分配。另外，原来在管制下可以从供不应求的市场上取得融资的部门，将不能再享有其将基于特权带来的好处。

(三) 麦金农关于金融自由化对经济增长促进作用的理论描述

麦金农认为货币与实物资本具有互补性。如果不能够从外部取得融资，那么企业就需要靠自身货币积累，然后才能进行实物资本投资。所以对实物资本的投资需求和对货币的需求是一致互补的。

假设货币与实物资本互补，则有：

$(M/P)^D = L(Y, I/Y, d - \pi^e)$

其中，$(M/P)^D$ 代表实际货币需求；I/Y 代表投资（占比）；$d-\pi^e$ 代表实际货币利率。基于假设，I/Y 和 $d-\pi^e$ 均与 $(M/P)^D$ 正相关。

在投资和实际货币利率间，有 $I/Y = F(r, d-\pi^e)$，r 代表实物资本收益率，与投资需求正相关。实际货币利率提高会引致实际货币需求提高，这使得只能靠内部融资实现的实物投资增加。只要 $d-\pi^e$ 小于 r，货币实际利率上升就会带动投资增加，麦金农将这种效应称为货币的"导管效应"。但是在 $d-\pi^e$ 大于 r 以后，人们自然会选择持有收益率更高的货币而不是实物投资。图 2-2 描述了这种关系。

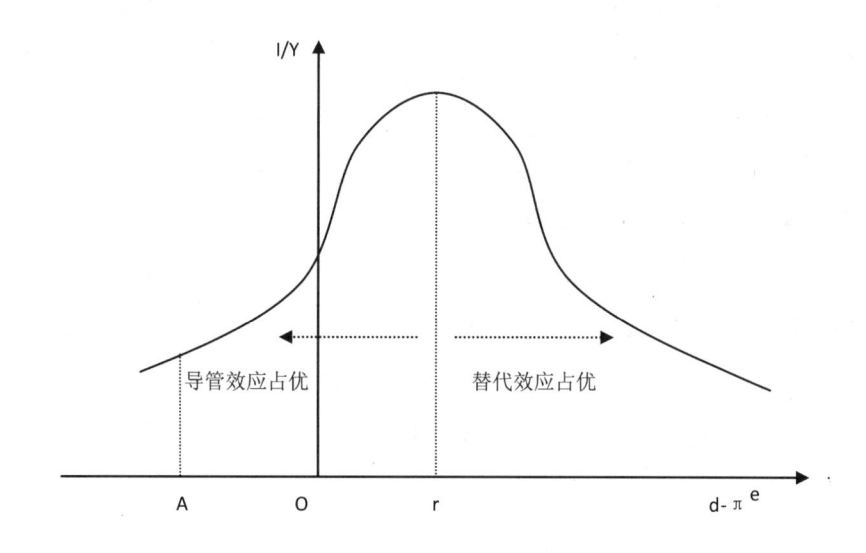

图 2-2 发展中国家货币的导管效应与资产替代效应

假设某发展中国家处在金融压抑状态。由于人为压低利率和存在通货膨胀，实际利率为负，在图 2-2 中用 A 表示。那么，通过实施适当的金融自由化政策，存款的实际利率提高，在小于实物资本的 r 的范围内，导管效应发挥作用，投资将增加；如果存款的实际利率超过了实物资本的实际回报率 r，货币的资产替代效应发挥作用，投资反而下降。

三 金融深化理论拓展

麦金农和肖之后，金融深化理论经历了两次较大的拓展，自20世纪80年代以后，已拓展为第二代模型。

第二代模型的主要变化在于分析框架中把很多原来当成给定条件的因素纳入内生变量中。由于模型对于经济增长内生性和金融中介机构内生性的分析，该模型也被称为"内生金融增长模型"[①]。第二代模型对金融中介非常重视：从金融中介产生的原因到金融中介的作用都进行了研究。主要结论是金融中介在金融发展中是不可或缺的重要部分。投资需要信贷，信贷依赖于储蓄，而储蓄的变化会受到金融中介的影响。金融中介可以通过激励条件影响人们愿意持有的和愿意储蓄的货币量的比例。同样，金融中介通过信贷和信息服务，也能够有效地影响投资的意愿。所以说金融中介能够有效地将储蓄转化为投资，促进经济的增长。另外，金融中介还可以发挥续短为长、集零为整的作用，缓解资金在数量和时间上的错配问题。对于风险防范和控制以及项目评估等服务，金融中介也都可以发挥重要作用。

拓展后的金融深化理论，虽然取得了较大进展，但依然存有不足。例如，第二代模型关注的是金融发展在稳定状态下的表现，当外部金融条件改变出现新的情况后，原来框架下的分析就显得无能为力了。

---

① 顾宁：《金融自由化的再认识与再实践》，博士学位论文，吉林大学，2007年。

第二节 国际贸易的相关理论

国际贸易理论中直接论述和金融发展关系的并不多见，但是很多贸易理论中都渗透着金融约束或金融支持的观点，这些观点或思想也反映出国际贸易和金融发展间的联系，并为第四章中的传导机制提供了理论基础。

一 基于比较优势的理论

比较优势是开放经济中各国据以分工和进行贸易的重要条件。在传统的比较优势理论中，研究的主要内容是什么代表了比较优势，后来的比较优势理论则探讨了是什么形成了这种优势。

（一）传统比较优势理论中的金融思想

斯密和李嘉图开启了比较优势论，赫克歇尔和俄林对此做了最后的完善。对于一个国家在贸易中的比较优势，传统的比较优势论认为这是固有的，只是在对于是什么代表或构成了比较优势的解释有所不同。在传统的比较优势理论中，各国只需要依据既有的比较优势进行国际分工和贸易交换就可以了，贸易和金融间的联系并不明显。只有要素禀赋论中，资本这种禀赋可以看作是金融发展水平的代表，直接构成了比较优势。

要素禀赋论最早是由赫克歇尔提出，后来其弟子俄林在1933年《区际贸易和国际贸易》一书中进行了系统的阐述和进一步完善。因此，该理论有时也称为"赫克歇尔—俄林理论"，或"H－O定理"。要素禀赋论在实质上依然认为是比较优势决定了各国的分工与贸易模式。国家之间要素的相对丰裕程度及要素禀赋的差异最终会引发国际分工和国际贸易。其传导机理如下：第一，两国间发生贸易的最直接原因是它们所生产的同样产品的价格存在着绝对差别，当两国价差大于国际贸易的运费时，就会发生商品从价格较低的国家输出到价格较高的国家。第二，两国间商品价格的绝对差别是由于生产商品的成本绝对差引起的。第三，在两国国内生产商品的成本不同，是因为生产中使用的要素相对价格不同造成的。第四，国内不同的要素价格比例是由于要素不同的供给丰裕程度即要素禀赋决定的。由此可见，国家间要素禀赋的差异是导致国际贸易的内在原因。我们可以推导出这样的结论，如果一国的金融发展水平较高，资本要素会相对充裕，这样该国就应该较多地生产密集使用资本要素的商品并出口，同时进口密集使用非资本要素的产品。这样的分工和贸易对参与国都是有利的。

（二）战后比较优势理论中的金融思想

战后基于比较优势的贸易理论强调了比较优势本身的动态性，对比较优势的获取作了解释和研究，在实质上是对传统比较优势理论的一种拓展。本书在下面通过回顾两个有代表性的战后贸易理论，如技术差距论和国家竞争优势理论，探讨其中包含的金融思想。

1. 技术差距论

传统的要素禀赋理论在解释国际分工和贸易动因时，假定两个国家的生产具有相同的技术水平，生产的技术函数也是一样的。但现实是，国家间的技术水平并不一致，即使在期初是一样的，但随着时间的变化，两个国家的生产函数就会发生动态的改变，这种变化的幅度也通常不一致，因而要素禀赋论肯定是脱离现实的。基于这种考虑，一种建立在技术差距上的贸易理论被提了出来，代表人物就是美国的经济学家波斯纳和弗农。与技术要素说不同的是，技术差距论中包含了时间因素的考虑。所以，该理论也被看成是对传统比较优势理论的动态扩展。技术差距论认为，绝对的技术水平提高并不会影响基于相对技术领先的比较优势，各国在技术上会保持动态的差异，领先国会出口技术密集型产品。在其构建的创新国和模仿国的两国模型中，创新国研究技术领先，因而开发一种新产品后可以向模仿国出口这种技术领先的产品。随着时间的推移，模仿国也能掌握这种技术减少进口直至反过来向创新国出口这种产品。需要指出的是，在新技术研发和动态变化中，需要金融信贷的支持和保障。一项新技术的开发通常需要前期较大的资金投入，并且还面临着创新失败的风险，这些困难在金融发展水平较高的国家相对容易克服，而金融发展落后的国家往往会存在研发融资的高代价。因此，我们可以推导出这样的结论，金融发展水平高的国家相对容易进行技术创新，由此产生的技术差异决定了该商品在国家间的进出口方向。

2. 国家竞争优势理论

波特的国家竞争优势理论更具有战略性，其基于产业层面的研究和强调主观努力在赢得优势地位中的重要作用都是对传统的比较优势理论的一个拓展。波特在国家竞争优势理论中对传统的依据固有优势参与贸易的思路提出了质疑。认为有些比较优势是可以后天获得的，如果不加以争取和利用就会丧失这种优势，这种观点带有明显的竞争性和动态性。在该理论中，研究涵盖了国家、产业和企业三个层次，而且认为产业层面格外重要。一个国家的贸易竞争力最真实的反映和最好的载体就是中观层面的产业。产业如果得到有力的扶持，就可以形成整个国家的比较优势。政府提供一个好的环境平台，企业就容易分享创新机制，获得创新能力，就能提高效率，进而可以建立具有优势的产业，而优势产业的形成会使一个国家在国际市场上取得竞争优势，进而影响到一个国家的兴衰。传统的比较优势理论，都只针对国际分工和贸易活动本身，对产业的研究并不是重点，波特的视角不同于以往，他是立足于产业层面，向下研究对企业的影响，向上研究对国家贸易格局的影响。这在研究方法上很有启发性，后来也被大家广为借鉴。

需要指出的是，具体构成国家竞争优势的因素有4组（见图2-3的钻石模型），其中相关和支持产业作为重要因素被考虑在内。在现代经济中，金融业以其广泛的影响和带动作用成为经济的核心，也是构成了一国竞争优势的重要因素。由此，可以推导出这样的结论：金融发展水平可以作为一个重要的因素构成国家竞争优势，进而决定一个国家的国际分工和贸易格局。

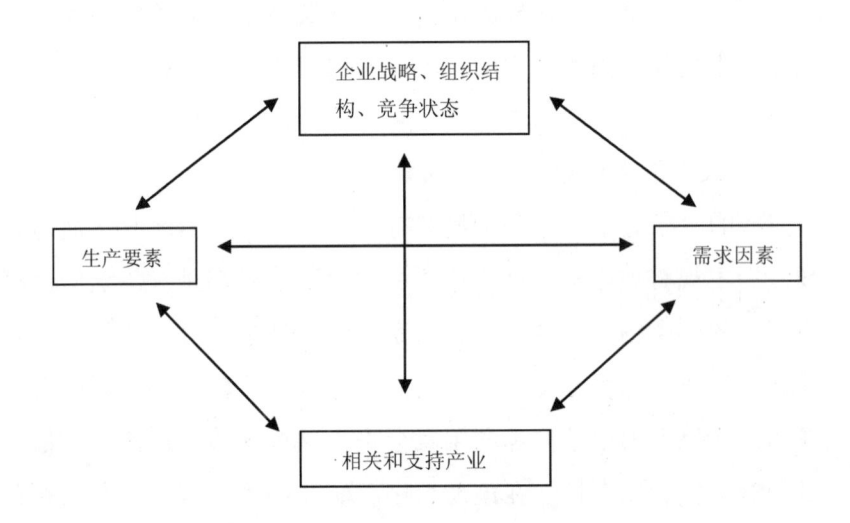

图2-3 国家竞争优势的决定因素

（三）新视角的比较优势理论中的金融思想

20世纪80年代以后，在对国际贸易比较优势成因的进一步研究中，产生了一些直接从金融发展角度出发的视角。例如，Kletzer和Bardhan的研究认为国际贸易的比较优势由多种要素决定，其中一个重要的要素就是金融信贷。如果把贸易品分为制成品和初级产品，制成品的生产和贸易中需要用到大量的信贷，而初级产品则不需要。那么金融发展程度高的国家将会由于信贷的优势（如更低的利率和更容易的融资）而在制成品的生产和出口上有优势。完整的逻辑是，即使两国在技术、禀赋上没有差异，那么金融发展水平高的一国也可以通过金融信贷优势产生本国的比较优势进而决定该国生产并出口工业制成品，进口初级产品。

二 基于规模经济的理论

二战后国际贸易在世界范围内取得了巨大的进展。按照传统的比较优势理论，由于发达国家与发展中国家之间存在着明显不同的比较优势，因而它们之间应该有大量的贸易发生，但实际情况却并非如此。统计资料显示，战后发生在发达国家之间的贸易额超过了它们与发展中国家之间的贸易额。另外，还有产业内贸易大量开展等一系列问题都让传统贸易理论难以回答。在这些责难声中，学者们开始寻找新的角度进行研究，其中规模经济是一个较为合理的解释。

克鲁格曼是用规模经济解释贸易理论的代表人物之一，在他看来，即使各国在消费者偏好、技术、资源禀赋等方面没有差异，也可以由规模经济作为一个独立的要素引起国际贸易的发生。在某个产业上具有规模经济的国家可以据以出口该产品。需要指出的是，不同的行业对金融发展的依赖程度是不同的。通常具有规模经济的行业更加依赖于金融发展。所以一个完整的逻辑就是，一国金融发展水平较高，会对该国具有规模经济产业的形成起到重要的促进作用，进而引起基于规模经济的国际贸易发生。

三 基于贸易与经济增长关系的理论

经济增长和国际贸易以及金融发展之间都具有密切的联系，因而可以把经济增长作为连接国际贸易和金融发展的一个桥梁，间接地反映二者的关系。即金融发展通过经济增长影响到国际贸易，国际贸易通过经济增长影响到金融发展。

（一）经济增长对国际贸易的影响

经济增长是一个国家首要的宏观调控目标，经常以国内生产总值（GDP）或国民收入（NI）作为衡量指标。能够引起经济增长的原因很多，金融发展无疑是其中的一个。在给定其他条件不变时，一国的金融发展水平提高，引起经济增长，此时经济增长对国际贸易的影响效果可以从贸易数量和贸易条件两方面进行讨论。

经济增长对国际贸易的数量影响是生产效应和需求效应相互作用的均衡结果。由于一国某种产品的进出口等于该产品的国内产量和国内需求之间的差额，所以必须综合生产效应和需求效应以考察经济增长带来的贸易的净效应，见表2-1。根据进（出）口增加的比例与国民收入增长率的比较是大于、小于还是相等，把经济增长对贸易数量最终效应分为顺贸易型（P），逆贸易型（A）和中性的（N）。若进（出）口绝对增加量大于国民收入增加量，则称为极端顺贸易型（UP），若进（出）口的绝对数量出现下降，则称为极端逆贸易型（UA）。

经济增长对国际贸易条件的影响分为小国情况和大国情况。对于小国，由于其在世界市场上的份额有限，因此由其经济增长引发的进出口的变化不会对贸易条件造成影响。也就是说小国参加国际分工和贸易总是有利的。但是对于大国而言，情况大为不同。由于大国的进出口在世界市场上的份额较高，其经济增长引发的进出口的变动会影响贸易条件，进而影响该国的福利。具体来说，如果在原交易条件不变的情况，大国的经济增长使得贸易规模缩小，则该国贸易条件会趋于改善。反之，若经济增长使得贸易规模扩大，则该国贸易条件会趋于恶化，极端情况是，贸易条件恶化对福利的负面影响超过经济增长本身的效应，造成该国整体福利的绝对下降，这种情况被称为"悲惨的增长"。

表2-1　　　　　经济增长对贸易影响的效应类型划分

生产效应＼需求效应	中性	顺贸易	极端顺贸易	逆贸易	极端逆贸易
中性	N	P	P 或 UP	A 或 UA	UA
顺贸易	P	P	P 或 UP	非 UP	UA
极端顺贸易	P 或 UP	P 或 UP	UP	非 UA	所有类型
逆贸易	A 或 UA	非 UP	非 UA	A 或 UA	UA
极端逆贸易	UA	UA	所有类型	UA	UA

资料来源：甘道尔夫《国际经济学》，1999。

（二）贸易发展对经济增长的影响

古典经济学家在讨论国际贸易和经济增长关系时，有"剩余物资出口论"和"大宗产品出口论"。其中，"剩余产品出口论"的基本思想是：一个国家参与国际贸易会使得该国的生产能力得到充分发挥，资源得到充分利用。因为在通常情况下，一国参与贸易前总会有过剩的生产能力，使得产品在满足国内需求后仍然出现剩余。而参与贸易则可以为这些剩余产品找到市场。"大宗产品出口论"的基本思想是，一国可以通过对外大量出口资源型产品或原材料来增加本国的收入，以此来提高本国的收入和储蓄水平，带动本国经济的发展。

美国经济学家刘易斯从"二元经济"的角度做了进一步发展。刘易斯假定在一国经济的组成中有效率截然不同的两个部门，一个是高效率的工业部门，另一个是低效率的农业部门。该国可以采取大力发展工业部门的生产并出口其产品，同时进口非工业部门的产品的做法，来实现生产要素使用效率的提高，促进本国经济的发展。

通常认为国际贸易会改变一国现时的生产能力和竞争优势，贸易带来的长期影响或冲击不是很明确。对此，澳大利亚经济学家马克斯·科登用对外贸易的五个效应进行了揭示。这五个效应是收入效应、资本积累效应、替代效应、收入分配效应和要素加权效应。而且五个效应的影响逐渐叠加的，具有持续性和长久性。罗伯特逊和纳克斯更是将一国对外贸易的作用提到了一个很高的位置上，认为"对外贸易是经济增长的发动机（引擎）"，充分肯定了对外贸易促进经济发展的长期贡献。

罗默、卢卡斯等人在20世纪80年代提出了新增长理论，这一理论也有很多新的特点。新增长理论认为从根本上讲，经济发展的源动力是生产率的提高，而生产率的提高来自于技术进步，技术进步的来源渠道有"干中学"和技术革新。国际贸易正是通过"技术外溢"和外部刺激的途径使得一个国家的技术取得进步，从而生产率提高带动经济增长的。

综上，国际贸易会通过各种效应促进经济增长，当其他条件不变时，一国的经济增长对于该国金融发展无疑是有利的。

本章小结

本章较为细致地介绍了金融发展和国际贸易的相关理论。对于金融发展理论,关注的重点在于金融发展对经济的促进和影响。

金融发展在初期实质上是金融自由化,存在金融抑制的国家通过金融自由化来解除束缚,使得资源得以合理配置。熊彼特把企业家创新归结为金融信贷的支持,得到金融发展促进经济的结论。戈德史密斯则认为不同国家的金融水平在现时和动态发展中都存在着结构上的差异,最终会反映到上层结构中。格利和肖关于金融体系中货币功能、货币政策和货币控制、金融发展与经济增长关系的新考察,拓宽了学术界对于金融发展与经济增长关系的研究。之后,麦金农和肖主张发展中国家取消金融抑制和实施金融自由化的政策,并提出了针对性建议和路径指导。也开启了后来关于内生金融增长理论的更深入的研究。

关于贸易理论,本章先后考察了不同时期的比较优势理论和基于规模经济的理论。国际贸易中有很多理论虽然叫法不一,但都是基于比较优势的思路展开的。在早期传统的贸易理论中,比较优势是静态的,认为一国的比较优势是给定的,各国只需要按照比较优势的思想去参与国际分工和贸易就会获得利益。战后的国际贸易理论则从动态的角度考察了比较优势。不论静态还是动态的贸易理论中,都隐含了金融发展的一些思想。基于金融视角的比较优势理论则明晰地揭示了金融信贷是形成比较优势进而分工贸易的原因。最后,对于国际贸易和经济增长关系的理论也做了简要回顾,因为通过经济增长,国际贸易和金融发展可以产生间接的联系。这种把国际贸易作为一个部类研究其和整个经济体系或其他经济部类关系的思路也正是本书研究所需要的。

第三章 主要经济体金融发展与国际贸易关系考察

世界主要经济体可用 G20 集团来代表,根据世界银行提供的 2011 年数据计算,G20 中 19 个国家(欧盟作为整体不计入)的 GDP 之和占世界的 77%。本书在 G20 的基础上进一步选择两组国家。一组是用原七国集团成员[①](美国、日本、德国、法国、英国、意大利和加拿大)来代表发达国家,以下简称 G7。另一组用金砖国家(巴西、俄罗斯[②]、印度、中国、南非)来代表重要的新兴工业化国家。这两组 12 个国家的 GDP 之和占世界的 68%,具有充分的代表性。在本部分,依次考察了发达国家和新兴工业化国家的基本经济情况、金融和贸易发展状况,并以这些国家为样本对金融和贸易的关系做简单分析。

---

① 虽然 G8、G20 常常被提起,但财经领域的合作更多地发生在核心的 G7 国家中。如 2013 年 2 月 12 日七国集团的财长和央行行长发布联合声明称,致力于由市场决定利率的一贯立场,并将就外汇市场的变动进行密切协商。
② 俄罗斯是比较特殊的一个,它一方面属于八国集团成员,也是老牌工业化国家;另一方面俄罗斯在市场经济改革之后,更多地具有新兴市场的特点,也被归入金砖国家里。本书采纳后一种考虑。

第三章 主要经济体金融发展与国际贸易关系考察

第一节 主要经济体总体经济情况

一 G7国家的总体经济情况

以G7为代表的发达国家在GDP总量和人均GDP上都具有很高的水平,这也是作为发达国家的标志指标。在GDP增速上,由于G7在国际经济中的中心地位,它们的增长速度基本上也影响和代表了世界一般水平。

从GDP总量来看(见表3-1),G7国家的国内生产总值均超万亿美元。GDP最小的加拿大2005年开始迈入万亿美元国家之列。美国作为世界第一经济大国,2011年GDP超过15万亿美元。美国的市场体制、规章制度和税收体系给外国投资者充分的经营自由。世界经济论坛发布的《全球竞争力报告》显示,美国一直是世界上最具竞争力、最具创新和最开放的经济体。

表3-1　　　　2000—2011年G7国家GDP(万亿美元)

国家 年份	美国	日本	德国	法国	英国	意大利	加拿大
2000	9.90	4.73	1.89	1.33	1.48	1.10	0.72
2001	10.23	4.16	1.88	1.34	1.47	1.12	0.72
2002	10.59	3.98	2.01	1.45	1.61	1.23	0.73
2003	11.09	4.30	2.42	1.79	1.86	1.51	0.87
2004	11.80	4.66	2.73	2.06	2.20	1.74	0.99
2005	12.56	4.57	2.77	2.14	2.28	1.79	1.13
2006	13.31	4.36	2.90	2.26	2.44	1.87	1.28
2007	13.96	4.36	3.32	2.58	2.81	2.13	1.42
2008	14.22	4.85	3.62	2.83	2.64	2.31	1.50
2009	13.86	5.04	3.30	2.62	2.17	2.11	1.34

金融发展与国际贸易关系研究

续表

国家 年份	美国	日本	德国	法国	英国	意大利	加拿大
2010	14.45	5.49	3.26	2.55	2.25	2.04	1.58
2011	15.09	5.87	3.57	2.77	2.43	2.19	1.74

数据来源：世界银行国民经济核算数据。

受2007年次贷危机及之后的金融危机影响，G7国家的经济发展都受到了较大的冲击。由于在此期间汇率的波动，所以折合为美元后的各国GDP总量和按其本国货币计量的GDP在增幅上会略有不同。为了便于国家间比较，此处仍用美元计。

从图3-1可以看出，G7国家中除日本外（实际日本也下降，此处被汇率升值掩盖），各国受金融危机影响，在2009年的GDP都出现了绝对下降。美国和加拿大在2010年复苏，而德法英意四国直到2011年GDP仍没有恢复到危机前的水平。

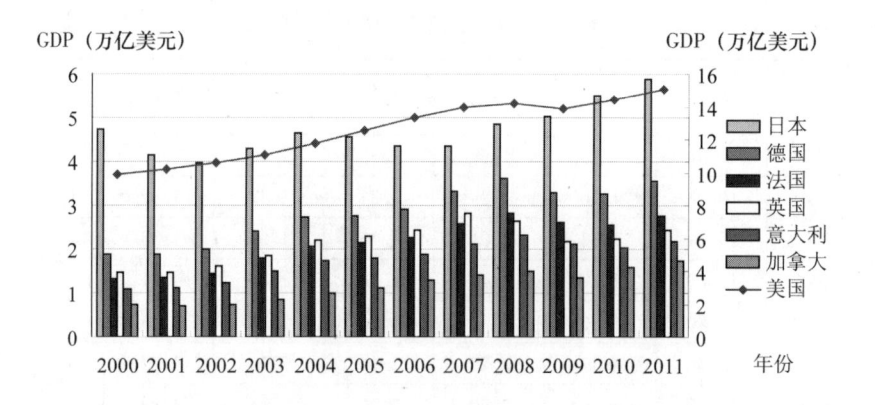

图3-1 2000—2011年G7国家GDP（万亿美元）

为了剔除汇率变动的影响，更准确地分析各国的经济增长情况，下面用各国自己的货币计算一下经济增长速度。从表3-2可以看出，G7中多数国家（除德国和加拿大以外），在2008年就开始了经济衰退，到2009年全部G7国家的经济增长速度均出现了较大衰退。英国和意大利至今仍复苏乏力。美国作为本次金融危机的中心国家，2008年经济小幅衰退后，进入长达一年的经济负增长期，后得益于美国政府的巨额经济刺激计划，2009年下半年以来，美国经济开始缓慢复苏，2010年经济复苏的步伐得以延续。日本经济在经历了"失去的十年"之后，从2002年起走上了复苏之路。2008年世界金融危机，日本经济受到很大影响，为了刺激经济增长，日本采取了一系列政策措施，特别是中国经济的持续走高带动了日本出口，经济逐步走向复苏。进入2010年，日本经济保持了增长势头，实际增长4.4%，受2011年地震和核事故影响，增速一度降为负值，经过日本各方的共同努力，从第三季度起日本经济逐步恢复。

表3-2　　　　　　2000—2011年G7国家GDP增速（%）

国家 年份	美国	日本	德国	法国	英国	意大利	加拿大
2000	4.17	2.26	3.06	3.68	4.46	3.65	5.23
2001	1.09	0.36	1.51	1.84	3.15	1.86	1.78
2002	1.83	0.29	0.01	0.93	2.66	0.45	2.92
2003	2.55	1.69	-0.38	0.90	3.52	-0.05	1.88
2004	3.48	2.36	1.16	2.54	2.96	1.73	3.12
2005	3.08	1.30	0.68	1.83	2.09	0.93	3.02
2006	2.66	1.69	3.70	2.47	2.61	2.20	2.82
2007	1.91	2.19	3.27	2.29	3.47	1.68	2.20
2008	-0.36	-1.04	1.08	-0.08	-1.10	-1.16	0.69

续表

国家 年份	美国	日本	德国	法国	英国	意大利	加拿大
2009	-3.53	-5.53	-5.13	-3.15	-4.37	-5.49	-2.77
2010	3.02	4.44	3.69	1.66	2.09	1.80	3.21
2011	1.70	-0.70	3.00	1.70	0.65	0.43	2.46

数据来源：世界银行国民经济核算数据。

G7国家由于彼此的经贸往来和经济合作十分密切，其经济增长在很大程度上具有一致性。特别是发端于美国的金融危机可以充分表明，G7国家在经济上的高度相关性。从图3-2可以清楚地看到在2004年的一个小波峰后，2009年出现一个明显的波谷。而后各国在2010年又同步强劲反弹，2011年又集体复苏乏力。

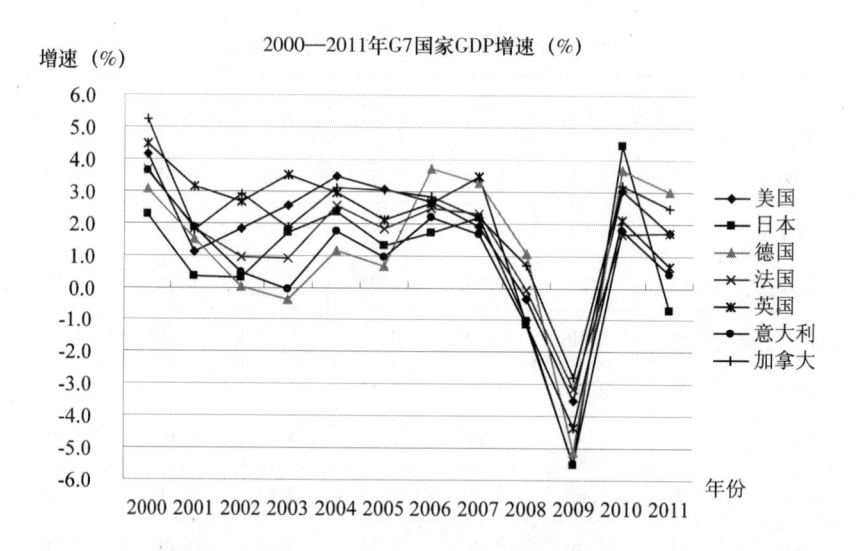

图3-2 2000—2011年G7国家GDP增速（%）

G7国家作为典型的发达国家代表,在反映消费能力的人均GDP上也都具有很高的水平。以美元计,这些国家的人均GDP普遍超过3万美元,最高的加拿大2011年破5万美元,最低的意大利也达到3.6万美元。见表3-3。

表3-3　　　　2000—2011年G7国家人均GDP(万美元)

国家 年份	美国	日本	德国	法国	英国	意大利	加拿大
2000	3.51	3.73	2.29	2.18	2.51	1.94	2.36
2001	3.59	3.27	2.28	2.18	2.49	1.97	2.30
2002	3.68	3.12	2.43	2.35	2.72	2.14	2.34
2003	3.82	3.37	2.94	2.88	3.12	2.63	2.73
2004	4.03	3.64	3.30	3.28	3.68	2.98	3.10
2005	4.25	3.58	3.35	3.38	3.79	3.05	3.51
2006	4.46	3.41	3.52	3.55	4.03	3.18	3.92
2007	4.63	3.41	4.04	4.03	4.61	3.58	4.32
2008	4.68	3.80	4.41	4.40	4.29	3.86	4.51
2009	4.52	3.95	4.03	4.05	3.51	3.51	3.97
2010	4.67	4.31	3.99	3.92	3.62	3.38	4.62
2011	4.84	4.59	4.37	4.24	3.88	3.61	5.03

数据来源:世界银行国民经济核算数据。

G7国家之间人均GDP的差距在过去的十年间也在不断缩小,例如,在2000年日本的人均GDP是意大利的近2倍,到2011年缩小到不足1.3倍。从图3-3可以看出,各国的人均GDP水平越来越接近,按照国际贸易的偏好相似说,各国接近的消费水平,提供了相似的消费市场,促进了产业内贸易的发展。

金融发展与国际贸易关系研究

人均GDP（万美元）

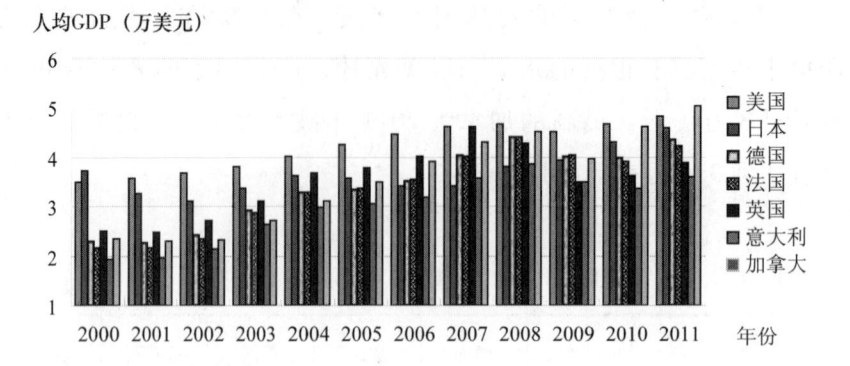

图3-3 2000—2011年G7国家人均GDP（万美元）

二 金砖国家的总体经济情况

以金砖五国为代表的新兴工业化国家在GDP总量上都有很高的水平，经济增长速度更是大幅领先于世界平均水平，但是人均GDP还是明显偏低。

金砖国家中除南非外的金砖四国在2011年的GDP均已超过G7中加拿大的水平（见表3-4）。其中中国的GDP总量更是达到7.32万亿美元，居世界第二。

表3-4　　　　　　2000—2011年金砖国家GDP（万亿美元）

国家 年份	巴西	俄罗斯	印度	中国	南非
2000	0.64	0.26	0.47	1.20	0.13
2001	0.55	0.31	0.49	1.32	0.12
2002	0.50	0.35	0.52	1.45	0.11
2003	0.55	0.43	0.62	1.64	0.17
2004	0.66	0.59	0.72	1.93	0.22
2005	0.88	0.76	0.83	2.26	0.25
2006	1.09	0.99	0.95	2.71	0.26

续表

年份\国家	巴西	俄罗斯	印度	中国	南非
2007	1.37	1.30	1.24	3.49	0.29
2008	1.65	1.66	1.22	4.52	0.27
2009	1.62	1.22	1.36	4.99	0.28
2010	2.14	1.49	1.68	5.93	0.36
2011	2.48	1.86	1.85	7.32	0.41

数据来源：世界银行国民经济核算数据。

过去的十年里，金砖国家的经济都得到了快速发展，经济总量迅速放大，在国际经济舞台上具有越来越重要的地位。从图3-4可以看出，金砖国家的GDP总量保持了良好的增长势头。

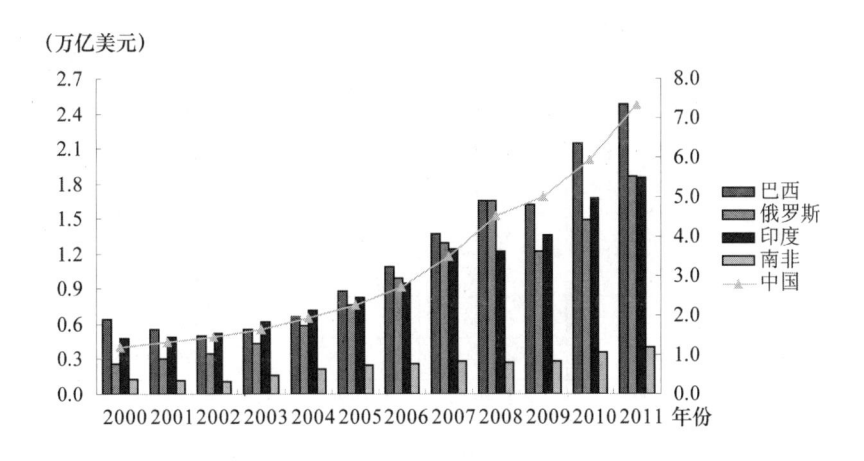

图3-4　2000—2011年金砖国家GDP（万亿美元）

金砖国家由于良好的经济增长态势，其货币兑美元也都有不同程度的升值，下面剔除掉汇率波动的影响，看一下各国的经济增长情况。从表3-5可以看出，金砖国家的经济增长速度都比较快，

2007年金砖五国的经济增速都超过了5%，后受金融危机影响（主要是贸易和投资渠道）增速有所放缓。其中俄罗斯在2000—2008年，GDP平均增速超过7%，2009年受国际金融危机冲击，经济增速大幅下滑，同比下降7.8个百分点，是金砖国家中受金融危机冲击最严重的。其他金砖国家虽没有大幅的衰退，但各国的经济增长还是受到很大影响，中国和印度在2008年经济增速都大幅下滑约5个百分点，巴西和南非在2009年也下滑约5个百分点。

表3-5　　　　　　　　　金砖国家GDP增速（%）

国家 年份	巴西	俄罗斯	印度	中国	南非
2000	4.31	10.00	3.98	8.40	4.15
2001	1.31	5.09	4.94	8.30	2.74
2002	2.66	4.74	3.91	9.10	3.67
2003	1.15	7.30	7.94	10.00	2.95
2004	5.71	7.18	7.85	10.10	4.55
2005	3.16	6.38	9.28	11.30	5.28
2006	3.96	8.15	9.26	12.70	5.60
2007	6.09	8.54	9.80	14.20	5.55
2008	5.17	5.25	3.89	9.60	3.62
2009	-0.33	-7.83	8.24	9.20	-1.54
2010	7.53	4.30	9.55	10.40	2.89
2011	2.73	4.30	6.86	9.30	3.12

数据来源：世界银行国民经济核算数据。

在金砖国家里中国的经济增速最高，一直在8%以上运行，印度次之，巴西的经济增速略低（见图3-5）。其实金砖国家对于保持经济增长都采取了很多有益的政策，即使增速最低的巴西也积极鼓励出口，促进企业投资，大力扶持制造业，为了应对金融危机又扩大流动性，实施税收减免，使得巴西在拉美国家中率先走出衰退。另外，金砖国家的经济发展受各自国内改革和政策影响较大，彼此的相关性不如 G7 国家密切，因而在经济增长的同步性上不是很明显。

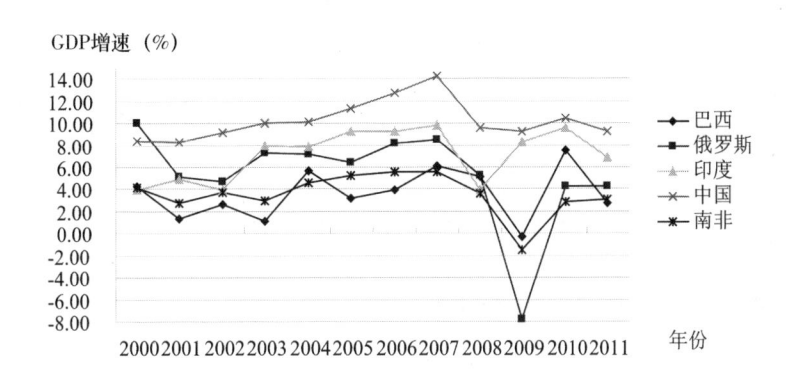

图 3-5 金砖国家 GDP 增速（%）

金砖国家在人均 GDP 上的表现要差很多（见表 3-6）。一方面相比 G7 国家，整体都低，金砖五国中只有两国人均 GDP 过万美元。另一方面，金砖国家内的差距也很大，到 2011 年，最高的俄罗斯是 1.31 万美元，是最低的印度的 8 倍多。

表 3-6　　　　　　2000—2011 年金砖国家人均 GDP（万美元）

国家 年份	巴西	俄罗斯	印度	中国	南非
2000	0.37	0.18	0.05	0.09	0.30
2001	0.31	0.21	0.05	0.10	0.26
2002	0.28	0.24	0.05	0.11	0.24
2003	0.30	0.30	0.06	0.13	0.36
2004	0.36	0.41	0.06	0.15	0.47

续表

国家 年份	巴西	俄罗斯	印度	中国	南非
2005	0.47	0.53	0.07	0.17	0.52
2006	0.58	0.69	0.08	0.21	0.55
2007	0.72	0.91	0.11	0.27	0.59
2008	0.86	1.17	0.10	0.34	0.56
2009	0.84	0.86	0.11	0.37	0.57
2010	1.10	1.05	0.14	0.44	0.73
2011	1.26	1.31	0.15	0.54	0.81

数据来源：世界银行国民经济核算数据。

金砖国家中人均GDP最低的是印度和中国（见图3-6），这也是世界上人口最多的两个国家。虽然，这两个国家的GDP增速在G7和金砖国家里是最高的，但还是没能有效地缩小人均GDP同他国的差距。这也在一定程度上限制了两国靠国内消费拉动经济增长的模式。

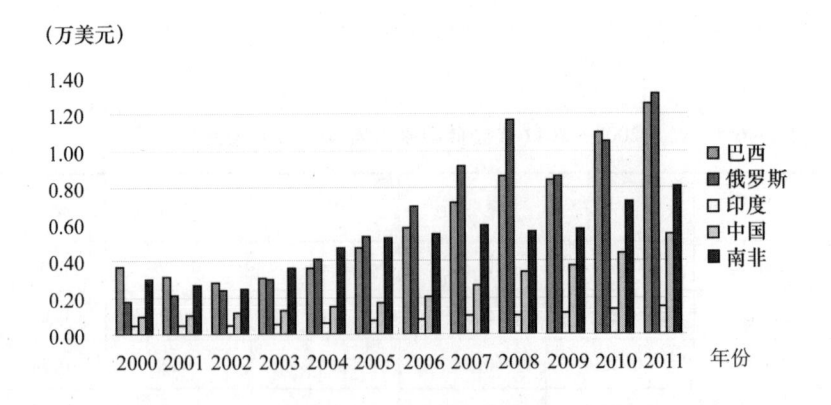

图3-6 2000—2011年金砖国家人均GDP（万美元）

第二节 主要经济体金融发展情况

一 G7国家金融发展情况

如前文所述,反映一个国家金融发展的指标有很多。限于数据的可得性和比较的便利,本书在这一部分会依次考察G7国家和金砖国家货币化率、国家储备、银行部门国内信贷占GDP比重、贷款利率、资本与资产总额比率、股票市值占GDP比重、股票交易额占GDP比重。

(一)货币化率

货币化率通常用货币供给量M2与GDP的比值来表示,代表货币化的程度。表3-7反映了G7国家的货币化程度(加拿大数据不全,在此舍去)。G7国家中美国的货币化率最低,到2011年为86%,日本最高,一直在200%以上,其他国家也都在150%以上。随着商品经济的发展,货币化率逐渐走高是一个基本的趋势。美国的货币化率之所以偏低,是由于美国对货币供给层次的划分不太一样,一些金融衍生资产属于M3的范畴,没有被M2包括。

表3-7　　　　2001—2011年主要发达国家货币化率(%)

国家 年份	美国	日本	德国	法国	英国	意大利
2001	73.80	201.04	169.05	104.00	110.78	82.54
2002	74.41	205.45	172.30	105.19	109.26	86.15
2003	74.21	206.65	174.42	110.06	114.04	87.31
2004	73.73	205.92	176.82	113.86	119.17	89.29
2005	74.92	206.85	182.43	118.02	130.40	94.44
2006	77.08	204.25	182.68	123.33	139.10	100.00
2007	82.16	203.17	182.72	132.80	152.48	113.55

续表

国家 年份	美国	日本	德国	法国	英国	意大利
2008	87.27	209.51	188.26	140.41	176.92	125.32
2009	88.89	227.39	193.67	145.50	182.01	140.79
2010	83.53	226.64	185.48	150.00	180.14	152.90
2011	86.08	239.99	181.32	158.50	166.23	153.80

在图3-7中可以清楚地看到，各主要国家的货币化率都成稳步上升的态势。日本最高，接近240%，德国其次，180%，然后是英国、法国、意大利，这三国很接近，都在160%左右。从图形的排序来看，有些像GDP总量的排名。

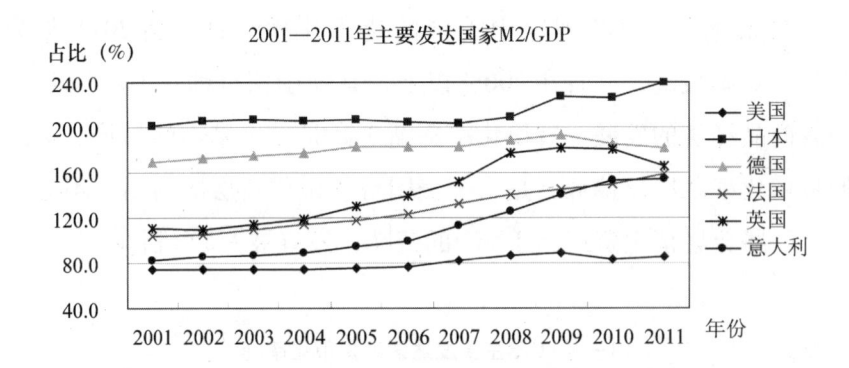

图3-7 2001—2011年主要发达国家货币化率（%）

（二）国家储备

国家总储备是一国的重要金融资产，它包括一国政府或央行持有的货币黄金、特别提款权、在IMF的成员国储备以及在货币当局控制下的外汇资产。为便于比较，在此处全部折算为美元。从表3-8可以看出，日本的国家储备是最多的，远远超过其他G7国家，2011年达到1.3万亿美元。美国由于其中心货币的地位，不需要持有大量外汇资产，但即便如此，其各种储备资产也达到了5300多亿美元。英国和加拿大的国家储备最少，都不足1000亿美元。

表3-8　　　　G7国家2000—2011年国家储备（亿美元）

国家 年份	美国	日本	德国	法国	英国	意大利	加拿大
2000	1284.0	3616.4	875.0	637.3	430.8	472.0	324.3
2001	1300.8	4019.6	821.3	586.4	373.5	462.2	342.5
2002	1577.6	4696.2	891.4	617.0	410.1	556.2	371.9
2003	1840.2	6735.5	968.4	707.6	395.5	632.6	362.7
2004	1904.7	8446.7	971.7	773.5	443.4	623.9	344.8
2005	1882.6	8469.0	1016.8	743.6	435.9	659.5	330.2
2006	2210.9	8953.2	1116.4	982.4	470.4	757.7	350.6
2007	2775.5	9733.0	1359.3	1154.9	572.8	941.1	410.8
2008	2940.5	10300.0	1385.6	1033.1	530.2	1056.5	438.7
2009	4041.0	10500.0	1790.4	1317.9	665.5	1315.0	543.6
2010	4889.3	11000.0	2159.8	1658.9	823.7	1584.8	571.5
2011	5372.7	13000.0	2341.0	1684.9	945.4	1698.7	658.2

数据来源：IMF《国际金融统计》和数据文件。

在过去的十年里G7各国的国家储备都是稳步增加的，特别是日本，一直遥遥领先于其他发达国家（见图3-8）。不仅如此，自1985年首次成为世界上最大的债权国之后，日本一直都是重要的债权国。2010年年底，日本海外纯资产总额约为251.5万亿日元（约合3.1万亿美元），再创历史新高，并连续20年蝉联全球最大债权国的宝座。①

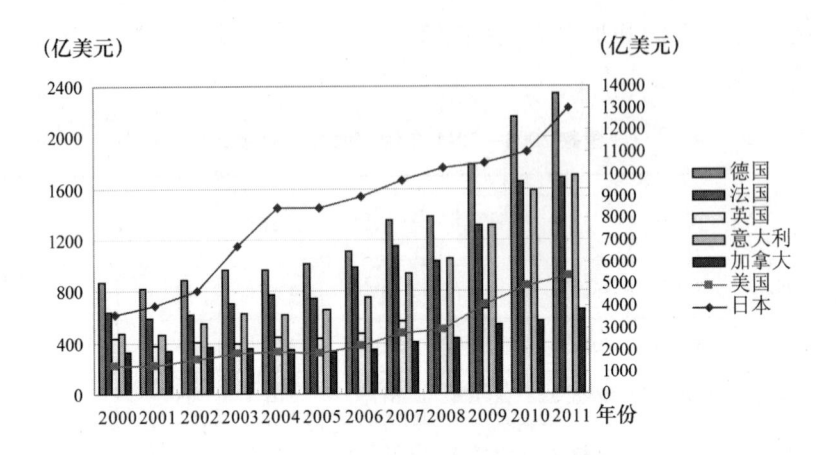

图 3-8 G7 国家 2000—2011 年国家储备（亿美元）

（三）银行部门国内信贷占 GDP 比重

G7 国家中加拿大的数据不全，在此舍去。表 3-9 中银行部门提供的国内信贷包括以总额计算的对各部门的所有信贷（中央政府信贷除外），以净额计算。银行部门包括货币当局和存款银行以及可获得数据的其他银行业金融机构（包括不接受可转移存款但确实承担类似定期和储蓄存款责任的机构）。其他银行业金融机构的例子还有储蓄和抵押贷款机构和建房贷款合作协会。到 2011 年，日本的信贷占比已达 340%，居各发达国家之首，美国和英国也都超过 200%，最低的德国也超过了 120%。

---

① 《对外投资合作国别（地区）指南——日本篇》，商务部国际贸易经济合作研究院等联合出版 2012 年。

第三章 主要经济体金融发展与国际贸易关系考察

表3-9 2000—2011年主要发达国家银行部门国内信贷占GDP比重（%）

年份\国家	美国	日本	德国	法国	英国	意大利
2000	198.41	304.74	146.49	103.51	130.28	95.84
2001	206.12	294.79	144.74	105.71	136.01	96.73
2002	198.80	302.41	143.09	103.45	141.67	96.32
2003	214.43	311.93	141.71	105.37	145.27	102.04
2004	221.53	308.09	138.74	106.11	153.64	102.92
2005	225.44	317.65	137.16	109.01	160.80	107.43
2006	235.52	309.63	131.73	115.07	170.99	111.59
2007	244.43	299.58	124.68	122.05	186.67	128.17
2008	224.37	302.40	126.63	124.35	212.42	132.01
2009	234.38	329.84	133.09	128.79	227.92	141.58
2010	233.30	328.96	130.94	132.71	222.18	155.42
2011	234.88	340.93	124.83	133.47	212.62	156.98

数据来源：国际货币基金组织《国际金融统计》和数据文件。

从图3-9可以进一步看出，各主要发达国家的银行部门国内信贷占比在过去的十年里呈现稳步上升的势头，英国和意大利的上升幅度较大，日本、美国、法国和德国的表现相对平稳。

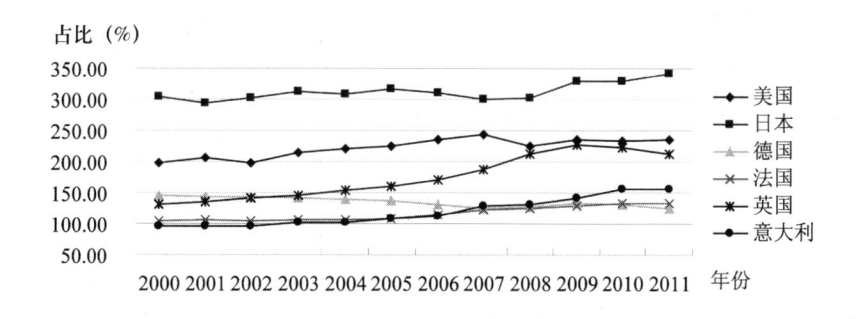

图3-9 2000—2011年主要发达国家银行部门国内信贷占GDP比重（%）

（四）贷款利率

贷款利率反映了一个国家的资金借贷成本，通常较低的贷款利率会刺激投资提振经济，较高的贷款利率会抑制通胀，缓解经济过热。G7 国家中，德国和法国的数据不全，在此舍去。从剩下的五国来看（见表3-10），日本和英国最低，2011 年英国的贷款利率只有0.5%，日本也只有1.5%。最高的国家是意大利，达到4.6%，美国为3.25%。

表3-10　　　　2000—2011 年主要发达国家贷款利率（%）

年份\国家	美国	日本	英国	意大利	加拿大
2000	9.23	2.07	5.98	7.02	7.27
2001	6.92	1.97	5.08	7.29	5.81
2002	4.68	1.86	4.00	6.54	4.21
2003	4.12	1.82	3.69	5.83	4.69
2004	4.34	1.77	4.40	5.51	4.00
2005	6.19	1.68	4.65	5.31	4.42
2006	7.96	1.66	4.65	5.62	5.81
2007	8.05	1.88	5.52	6.33	6.10
2008	5.09	1.91	4.63	6.84	4.73
2009	3.25	1.72	0.63	4.76	2.40
2010	3.25	1.60	0.50	4.03	2.60
2011	3.25	1.50	0.50	4.60	3.00

数据来源：国际货币基金组织《国际金融统计》和数据文件。

从过去十年的变化趋势来看，各国的贷款利率走势经历了较大的波动。从2000 年到2003 年，各国的贷款利率都经历了一波下降，2004 年后为避免或抑制经济过热，利率开始上浮，到2007 年金融危机爆发后，为刺激经济复苏，又开始了更大幅度的下降。从

图 3-10 可以看出，发达国家贷款利率在很大程度上表现出逆经济周期的特征。

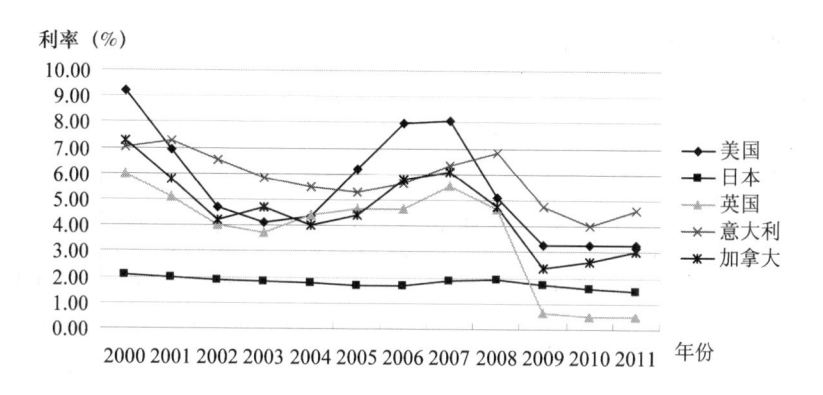

图 3-10　2000—2011 年主要发达国家贷款利率（%）

（五）银行资本对资产的比率

资本充足率指标是监测银行抵御风险能力重要指标，金融危机后，世界各国对这一指标更为重视。《巴塞尔协议Ⅲ》规定，截至 2015 年 1 月，全球各商业银行的一级资本充足率下限将从现行的 4% 上调至 6%。[①] 本书此处选取的银行资本对资产的比率便是衡量银行资本充足率的指标之一。银行资本对资产的比率为银行资本与准备金对总资产的比率。资本与准备金包括所有人提供的资金、留存收益、普通准备金和特殊准备金、准备金以及估价调整。总资产包括所有非金融和金融资产。表 3-11 反映出，G7 国家里美国和意大利的银行资本占比最高，分别为 11% 和 9%，而日本、德国、法国和加拿大都不足 5%，英国也只有 5.4%。

---

① 新浪财经网站 http：//finance.sina.com.cn/usstock/BaselⅢ.shtml。

表3-11　　2000—2010年G7国家银行资本对资产的比率（%）

国家 年份	美国	日本	德国	法国	英国	意大利	加拿大
2000	8.5	4.6	4.2	6.7	6.5	7.0	4.7
2001	9.0	3.9	4.3	4.9	8.5	7.1	4.6
2002	9.2	3.3	4.6	6.8	9.9	7.0	4.6
2003	9.2	3.9	4.2	5.4	6.6	6.4	4.7
2004	10.3	4.2	4.0	5.1	7.0	6.4	4.4
2005	10.3	4.9	4.1	4.4	6.1	7.6	5.6
2006	10.5	5.3	4.3	4.5	6.1	7.0	4.1
2007	10.3	4.5	4.3	4.1	5.5	7.9	3.7
2008	9.3	3.6	4.5	4.2	4.4	7.6	3.5
2009	10.9	4.7	4.8	4.6	5.4	8.0	4.5
2010	11.1	4.8	4.3	4.4	5.4	9.3	4.7

数据来源：世界银行网站数据库。

过去的十年里，G7国家的银行资本对资产比率变动幅度较小，整体上没有明显的趋势性。仔细观察图3-11可发现美国和意大利两国的比率较高，而且都呈上升趋势；日本、德国和加拿大则基本没有变化，尤其是德国十年来的最大波幅不超过0.8个百分点；而法国和英国则有所下降。另外，各国在2009年这一比率出现了一致的上升，这也反映出金融危机后，国际社会对银行业监管的加强。

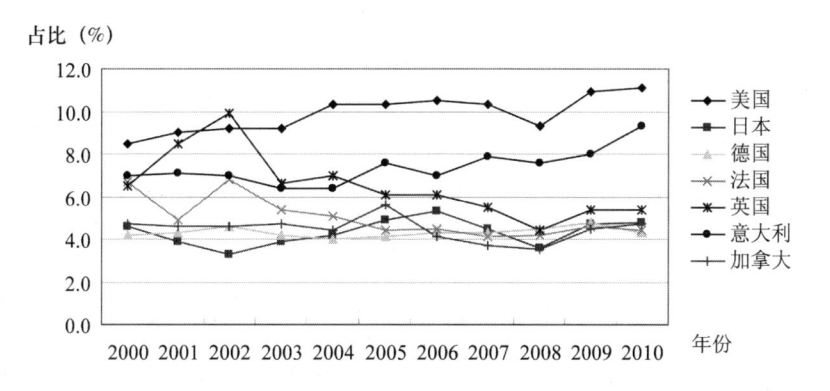

第三章 主要经济体金融发展与国际贸易关系考察

图3-11 2000—2010年G7国家银行资本对资产的比率（%）

（六）证券化率

该指标通常以股市总市值对GDP占比来表示。股市总市值是股票价格乘以已发行股票的数量。国内上市公司是指截至年末在国内注册成立的公司在该国股票交易所挂牌的数量。上市公司不包括投资公司、共同基金或其他集体投资工具。

G7国家中各国在证券化率方面差异较大（见表3-12）：美国和加拿大证券化率最高，都超过了100%。德国和意大利的证券化率一直处于较低水平，在2011年分别只有33%和20%。日本、法国和英国的证券化率在50%到60%的水平，波动较大。

表3-12　2000—2011年G7国家证券化率（%）

国家 年份	美国	日本	德国	法国	英国	意大利	加拿大
2000	152.58	66.73	67.34	109.07	174.63	69.60	116.07
2001	135.38	54.13	56.98	87.76	147.46	46.93	97.95
2002	104.80	53.41	34.44	66.59	116.40	39.23	78.31
2003	128.65	70.66	44.52	75.66	132.57	40.60	103.24

续表

年份\国家	美国	日本	德国	法国	英国	意大利	加拿大
2004	138.36	79.00	43.81	75.84	128.18	45.49	118.67
2005	135.07	103.60	44.15	82.32	133.21	44.68	130.62
2006	145.90	108.48	56.42	107.66	154.68	54.81	133.01
2007	142.87	102.23	63.35	107.31	136.56	50.43	153.54
2008	82.55	66.41	30.58	52.70	69.91	22.57	66.70
2009	108.48	67.09	39.34	75.28	128.05	15.03	125.67
2010	118.86	74.70	43.53	75.58	137.71	15.57	136.98
2011	104.33	60.35	32.89	56.57	49.15	19.67	109.82

数据来源：标准普尔《全球股票市场手册》和标准普尔增补数据。

从纵向来看，G7各国的证券化率在过去十年里也都表现出了较为一致的周期性（见图3-12）。由于经济的高度相关，全球股市表现出大致相似的走势。当市场低迷时，如2002年，各国的证券化率都处于较低水平，2003—2007年都处于一波上涨的行情中，2008年陡降，2009年和2010年反弹复苏，2011年又陷入低迷。

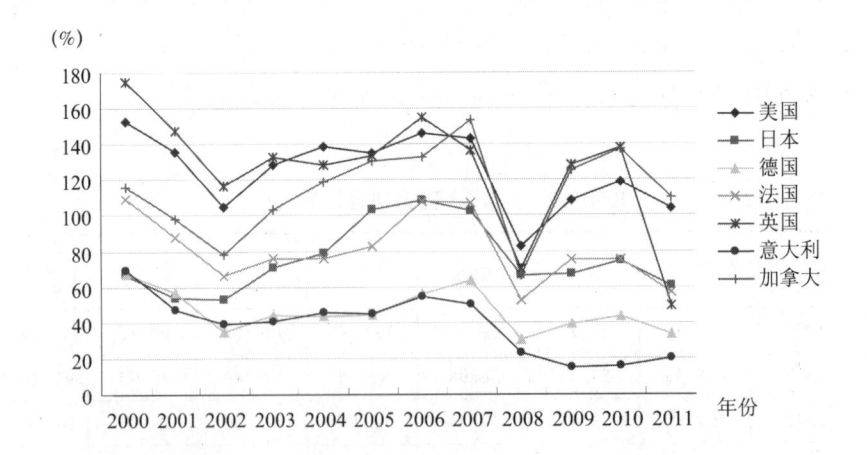

图3-12 2000—2011年G7国家证券化率（%）

（七）股票交易额占 GDP 比例

股票交易额占 GDP 比例这一指数可体现出市场规模是否与交易规模相匹配，从而对市场证券化率指标进行补充。股票交易额指一定时期内股票交易总额。

G7 各国在这一指标上的表现和在证券化率指标的表现具有很大的相关性。2011 年美国以 200% 的比率位居第一，其后是英国和加拿大。从表 3-13 与表 3-12 的对比来看，可以发现美国的股票交易额比市值要大 1 倍，交易非常活跃。美国证券市场历史悠久，是世界上最大的证券市场。美国证券市场分为两大板块：交易所市场和场外交易市场。前者的典型代表是纽约证券交易所（NYSE）和美国证券交易所（AMEX），采用竞价制度。后者的典型代表是纳斯达克股票市场（NASDAQ）、美国场外柜台交易系统（OTCBB）和粉红单市场。上述证券市场分工明确，连接紧密，各种类型的企业和投资者，都可以根据自身条件，在美国资本市场找到符合特定需求的交易平台。

表 3-13　2000—2011 年 G7 国家股票交易额占 GDP 比例（%）

国家 年份	美国	日本	德国	法国	英国	意大利	加拿大
2000	321.88	56.94	56.68	81.67	124.24	70.51	87.56
2001	283.77	43.9	75.47	80.5	126.56	49.14	64.51
2002	239.57	39.52	61.45	64.38	118.49	44.07	55.27
2003	140.2	52.82	47.33	61.58	118.88	43.79	54.03
2004	164.06	73.68	51.57	68.87	168.4	46.35	65.90
2005	171.2	109.31	63.74	71.43	182.72	62.43	74.53
2006	249.86	143.51	85.67	111.04	173.53	72.94	100.91
2007	305.21	149.14	101.18	132.39	367.04	108.76	115.55

金融发展与国际贸易关系研究

续表

国家 年份	美国	日本	德国	法国	英国	意大利	加拿大
2008	450.19	121.25	85.69	115.32	246.1	28.99	117.83
2009	337.11	83.27	39.07	52.14	156.7	21.78	92.68
2010	210.8	77.99	43.11	57.55	133.52	26.39	86.60
2011	203.73	70.91	49.24	53.16	122.22	40.44	87.55

数据来源：标准普尔《全球股票市场手册》和标准普尔增补数据。

除美国以外，G7中的英国在这一指标上也有较高的比例（见图3-13）。伦敦证券交易所在全球三大证券交易所（纽约、伦敦、东京）中历史最悠久，已有200多年的历史。截至2012年2月，共有上市公司2566家，来自60多个国家和地区，总市值39662亿英镑。其中，外国公司股票的交易量和市值都超过了英国公司的股票，这在其他交易所是罕见的[①]。

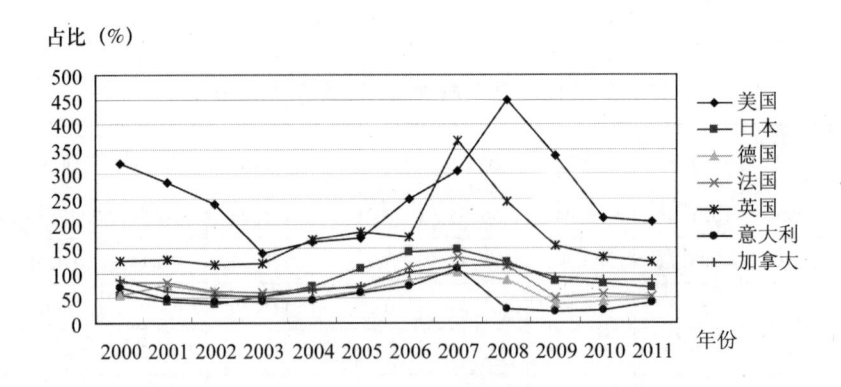

图3-13 2000—2011年G7国家股票交易额占GDP比例（%）

---

① 《对外投资合作国别（地区）指南——英国篇》，商务部国际贸易经济合作研究院等联合出版2012年。

二 金砖国家金融发展情况

在上一部分，本书考察了 G7 国家的金融发展情况，在这一部分会同样依次来看金砖国家在货币化率、国家储备、银行部门国内信贷占 GDP 比重、贷款利率、资本与资产总额比率、股票市值占 GDP 比重、股票交易额占 GDP 比重等方面的指标。

（一）货币化率

金砖国家在货币化程度方面明显低于 G7 国家，如表 3-14 所示，金砖国家里只有中国的货币化率超过 100%，2011 年达到了 180%，其他金砖四国均低于 80%，而同期的 G7 国家除美国外都在 150% 以上。

表 3-14　　2001—2011 年金砖国家货币化率（%）

年份＼国家	巴西	俄罗斯	印度	中国	南非
2000	47.46	21.48	53.90	137.10	56.52
2001	49.23	23.94	56.94	142.57	58.82
2002	47.30	26.43	61.68	147.13	60.68
2003	49.41	29.90	62.16	155.38	62.99
2004	50.52	31.06	63.54	151.59	64.08
2005	54.42	33.36	64.47	153.06	70.06
2006	58.65	37.63	67.43	159.78	76.27
2007	62.03	42.83	71.00	151.77	82.67
2008	64.03	39.44	75.77	151.34	84.51
2009	69.44	49.21	77.96	179.00	81.25
2010	68.97	52.67	77.27	180.80	78.20
2011	74.40	52.78	77.77	180.08	76.35

数据来源：国际货币基金组织《国际金融统计》和数据文件。

在图 3-14 中可以清楚地看到，金砖各国的货币化率都呈稳步上升的态势。中国最高，从 2000 年的 130% 一路升到 2011 年的 180%；巴西、印度和南非三国很接近，都在 75% 左右；俄罗斯则只有 50% 多。

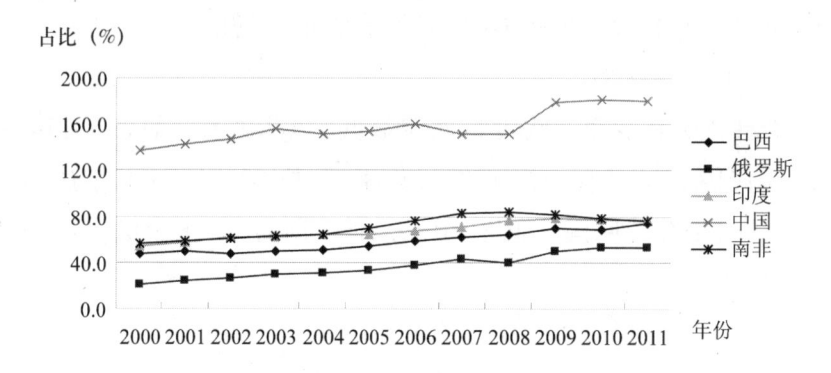

图 3-14　2001—2011 年金砖国家货币化率（%）

（二）国家储备

金砖国家在国家总储备方面差异非常明显（见表 3-15），把各种储备资产换算为美元计价，中国在 2011 年达到了惊人的 3.25 万亿美元，不仅在金砖国家里最多，也比日本高出近 2 万亿美元，位居世界第一。而南非的国家储备最少，还不足 500 亿美元。

表 3-15　　　　2000—2011 年金砖国家国家储备（亿美元）

国家 年份	巴西	俄罗斯	印度	中国	南非
2000	330.2	276.6	410.6	1717.6	77.0
2001	358.7	363.0	490.5	2200.6	76.3
2002	378.3	483.3	716.1	2977.4	78.2

续表

年份\国家	巴西	俄罗斯	印度	中国	南非
2003	493.0	784.1	1037.4	4162.0	81.5
2004	529.4	1262.6	1316.3	6229.5	148.9
2005	538.0	1822.7	1378.3	8314.1	206.2
2006	858.4	3037.7	1780.5	10800.0	255.9
2007	1803.3	4788.2	2765.8	15500.0	329.2
2008	1937.8	4262.8	2574.2	19700.0	340.7
2009	2385.4	4393.4	2846.8	24500.0	396.0
2010	2885.8	4792.2	3004.8	29100.0	438.2
2011	3520.1	4974.1	2987.4	32500.0	487.5

数据来源：根据有关文献资料整理。

金砖各国的国家储备在过去的十年里呈稳步上升态势（见图3-15），其中俄罗斯在2004年后的增长非常迅速，截至2011年末，已接近5000亿美元。印度的增速在2010年后开始放缓，逐渐被巴西超过。

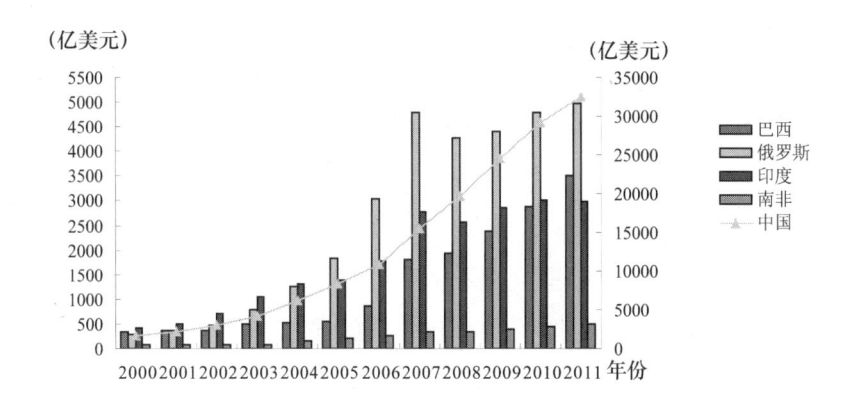

图3-15 2000—2011年金砖国家国家储备（亿美元）

（三）银行部门国内信贷占 GDP 比重

银行部门提供的国内信贷统计口径和前文一致，从表 3-16 可以看出，截至 2011 年，信贷占比超过 100% 的国家有南非（166%）和中国（145%），其他国家都在 100% 以下，最低的俄罗斯只有 39%。整体来看，远低于 G7 国家水平。

表 3-16　　2000—2011 年金砖国家银行部门国内信贷占 GDP 比重（%）

国家 年份	巴西	俄罗斯	印度	中国	南非
2000	71.86	24.93	51.39	119.67	152.46
2001	72.49	25.73	53.04	123.00	184.34
2002	74.49	26.88	57.09	143.46	159.82
2003	74.02	27.88	55.75	151.88	163.12
2004	72.61	25.66	57.58	140.37	169.62
2005	74.48	22.12	58.36	134.30	178.49
2006	86.59	22.49	60.87	133.48	192.93
2007	92.24	24.42	60.81	127.78	195.33
2008	96.90	23.95	67.67	120.80	173.81
2009	95.84	33.72	70.37	145.08	184.22
2010	95.22	38.39	72.98	146.28	182.44
2011	98.31	39.47	75.12	145.48	166.94

数据来源：国际货币基金组织《国际金融统计》和数据文件。

从图 3-16 可以进一步看出，金砖各国的银行部门国内信贷占 GDP 比重在过去的十年里变化不大，在形态上呈现稳中略升。各国的走势没有明显的趋同性，南非和中国的波幅稍大一些。

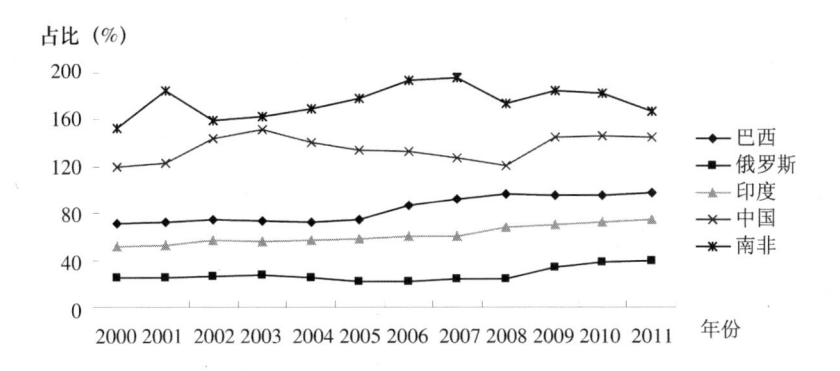

图 3-16 2000—2011 年金砖国家银行部门国内信贷占 GDP 比重（%）

（四）贷款利率

在贷款利率这一指标上，金砖国家普遍高于 G7 国家（见表 3-17），反映了新兴工业化国家的资金借贷成本较高。金砖国家中最低的中国 2011 年贷款利率为 6.6%，比 G7 国家中最高的意大利还高出两个百分点；而巴西更是高得离谱，2011 年为 44%，是全世界贷款利率最高的国家，所以即便外国投资者在巴西可享受国民待遇，但都不会去申请雷亚尔（巴西货币）贷款。

表 3-17 2000—2011 年金砖国家贷款利率（%）

年份\国家	巴西	俄罗斯	印度	中国	南非
2000	56.83	24.43	12.29	5.85	14.50
2001	57.62	17.91	12.08	5.85	13.77
2002	62.88	15.70	11.92	5.31	15.75
2003	67.08	12.98	11.46	5.31	14.96
2004	54.93	11.44	10.92	5.58	11.29
2005	55.38	10.68	10.75	5.58	10.63

续表

年份 \ 国家	巴西	俄罗斯	印度	中国	南非
2006	50.81	10.43	11.19	6.12	11.17
2007	43.72	10.03	13.02	7.47	13.17
2008	47.25	12.23	13.31	5.31	15.13
2009	44.65	15.31	12.19	5.31	11.71
2010	39.99	10.82	8.33	5.81	9.83
2011	43.88	8.46	10.17	6.56	9.00

数据来源：国际货币基金组织《国际金融统计》和数据文件。

从过去十年的金砖国家贷款利率走势来看（见图3-17），各国都呈明显下降走势。巴西超高的贷款利率虽比高位时下降了20个百分点，但仍有很大下降空间。俄罗斯的贷款利率从24%一路降到8.5%，成绩显著。印度和南非的贷款利率降幅不大，徘徊在10%左右。

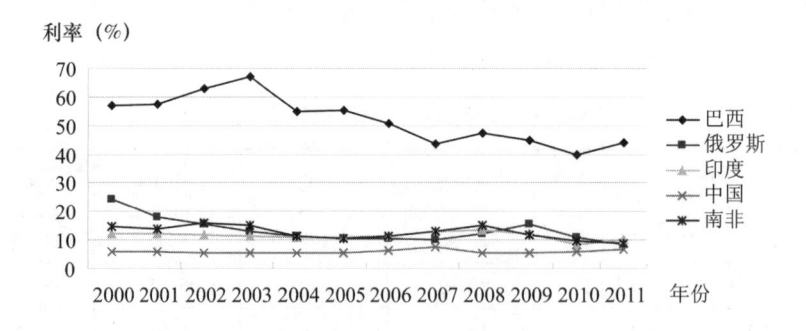

图3-17 2000—2011年金砖国家贷款利率（%）

（五）银行资本对资产的比率

金砖国家这一指标相对G7各国来讲还要稍微高一些。从表3-

18可以看出，俄罗斯和巴西银行资本占比最高，分别为14.0%和11.1%，印度和南非都在7%左右，最低的中国也有6.1%。

表3-18　2000—2010年金砖国家银行资本对资产的比率（%）

国家 年份	巴西	俄罗斯	印度	中国	南非
2000	12.1	12.1	5.7	-	8.7
2001	8.9	14.4	5.3	4.1	7.8
2002	9.2	14.4	5.5	-	9.3
2003	9.6	14.6	5.7	3.8	8.0
2004	10.1	13.3	5.9	4.0	8.2
2005	9.8	12.8	6.4	4.4	7.9
2006	10.8	12.1	6.6	5.1	7.9
2007	11.3	13.3	6.4	5.7	8.0
2008	10.7	13.6	7.3	6.0	5.7
2009	11.4	15.7	7.0	5.6	6.7
2010	11.1	14.0	7.1	6.1	7.0

数据来源：世界银行网站数据库。

过去的十年里，金砖国家的银行资本对资产比率变动幅度也比较小，作为整体没有明显的趋势性。仔细观察图3-18可发现印度和中国呈上升趋势；南非和俄罗斯存在周期性波动趋势；巴西自2001年开始也处于上行通道。

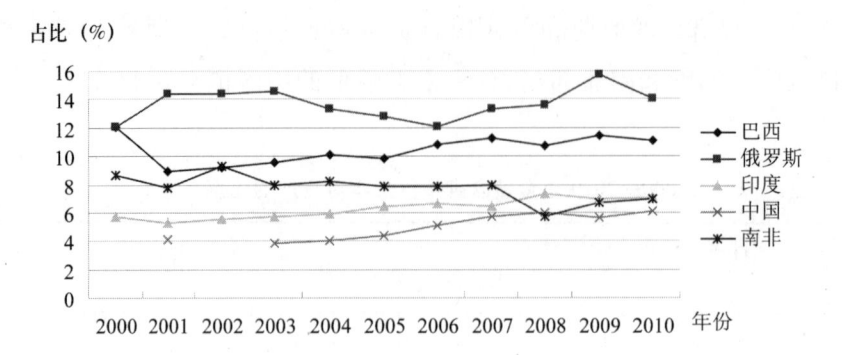

图 3-18　2000—2010 年金砖国家银行资本对资产的比率（%）

（六）证券化率

此处依然用股市总市值与 GDP 总量的比值来代表，统计口径与前文相同。金砖国家各国在证券化率方面差异很大（见表 3-19）：南非的证券化率非常高，2007 年时曾一度接近 300%，到 2011 年仍超过 200%。其他四国在 2007 年也都全面超过 100%，但之后迅速下降，2011 年四国逐渐下降到 50% 左右。

表 3-19　　　　　2000—2011 年金砖国家证券化率（%）

年份 \ 国家	巴西	俄罗斯	印度	中国	南非
2000	35.08	14.99	31.19	48.48	154.24
2001	33.64	24.85	22.42	39.55	117.95
2002	24.55	35.99	25.06	31.85	166.18
2003	42.46	53.63	45.19	41.51	159.16
2004	49.77	45.34	53.75	33.12	207.92
2005	53.80	71.80	66.30	34.59	228.86
2006	65.30	106.79	86.28	89.43	273.95

续表

年份\国家	巴西	俄罗斯	印度	中国	南非
2007	100.32	115.64	146.86	178.20	291.28
2008	35.66	23.91	52.73	61.78	179.38
2009	71.98	70.46	86.64	100.33	249.04
2010	72.12	67.53	95.94	80.31	278.53
2011	49.62	42.87	54.94	46.31	209.61

数据来源：标准普尔《全球股票市场手册》和标准普尔增补数据。

从纵向来看，金砖各国的证券化率在过去十年里也表现出了一致的周期性（见图3-19）。从2001年到2007年，五国都处于一波上涨的行情中，2008年受金融危机影响，证券化率大幅下降，经历了2009年和2010年的反弹后，2011年各国这一指标又明显下降很多。

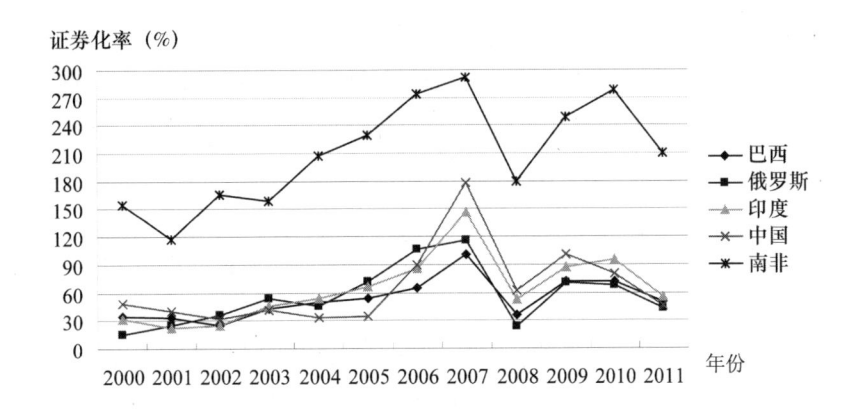

图3-19 2000—2011年金砖国家证券化率（%）

(七) 股票交易额占 GDP 比例

股票交易额占 GDP 比例可对市场证券化率进行补充，在 G7 国家中这两个指标基本上是对应的，反映了市场规模与交易规模基本匹配。但金砖国家里南非和中国在这一指标上的表现异常（见表 3-20），前者是超高的股票市值对应不到一半的交易规模，后者是股票交易规模 2 倍于市值。

表 3-20　2000—2011 年金砖国家股票交易额占 GDP 比例（%）

年份＼国家	巴西	俄罗斯	印度	中国	南非
2000	15.71	7.82	107.40	60.20	58.32
2001	11.76	7.47	50.63	33.89	58.81
2002	9.56	10.47	37.70	22.93	70.95
2003	10.94	18.82	46.12	29.06	61.12
2004	14.10	22.14	52.53	38.74	74.32
2005	17.48	20.85	52.01	25.98	81.24
2006	23.37	51.96	67.27	60.27	119.71
2007	42.82	58.05	89.41	223.00	148.77
2008	44.03	33.85	85.76	120.98	146.60
2009	40.03	55.82	80.00	179.44	121.02
2010	42.05	53.76	62.74	135.40	93.54
2011	38.81	61.71	40.05	104.82	91.17

数据来源：标准普尔《全球股票市场手册》和标准普尔增补数据。

纵向来看（见图 3-20），在过去十年里，巴西和俄罗斯这一指标基本上是平稳上升的；印度和南非均有较大的波动，而中国的股市交易规模则像过山车一样，低至 23%，高至 230%，表现得极为混乱。

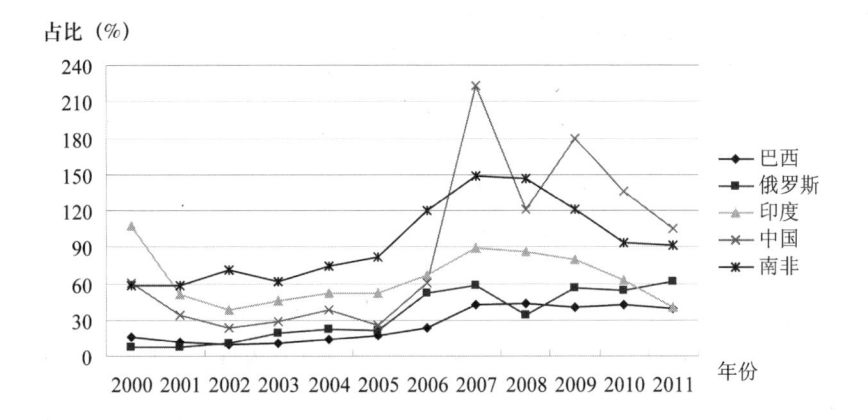

图 3-20　2000—2011 年金砖国家股票交易额占 GDP 比例（%）

第三节　主要经济体贸易发展情况

在主要经济体国际贸易情况的部分，本书仍以 G7 各国和金砖国家为例，依次对各国的外贸依存度、进口额、出口额、货物与服务出口占比、外国直接投资净流入展开分析。

一　G7 国家的贸易情况

（一）外贸依存度

外贸依存度在此处用一国的进出口总额占 GDP 的比重来表示。从表 3-21 来看，德国的外贸依存度最高，2011 年已达 76.8%，之后是加拿大、意大利、法国和英国，这四国在 50% 左右，日本和美国最低，分别为 29% 和 25%。

金融发展与国际贸易关系研究

表 3-21　　　　2000—2011 年 G7 国家外贸依存度（%）

年份＼国家	美国	日本	德国	法国	英国	意大利	加拿大
2000	20.59	18.16	55.58	45.05	42.05	43.45	71.35
2001	18.68	18.09	56.25	43.54	41.53	42.89	67.47
2002	17.90	18.95	55.05	41.98	39.75	40.72	64.66
2003	18.29	19.89	55.80	40.26	37.70	39.53	59.20
2004	19.86	21.91	59.70	41.16	37.14	40.74	59.57
2005	20.99	24.31	63.43	42.53	39.48	42.33	59.73
2006	22.21	28.11	70.49	44.64	43.07	45.97	57.69
2007	22.78	30.66	71.93	44.62	37.89	47.51	56.38
2008	24.37	31.83	73.77	45.57	41.37	47.74	57.63
2009	19.18	22.47	62.61	38.34	38.44	38.92	47.49
2010	22.45	26.64	71.72	43.56	43.04	45.78	49.28
2011	24.80	28.60	76.82	46.30	45.72	49.41	51.78

数据来源：根据联合国商品贸易统计数据库和世界银行国民经济核算数据编制。

纵向来看（见图 3-21），G7 国家中除加拿大外，其余各国外贸依存度在过去十年里均是稳中有升。加拿大呈下降趋势，且变动幅度较大。另外，受金融危机的影响，各国在 2009 年都出现了较大幅度下滑。

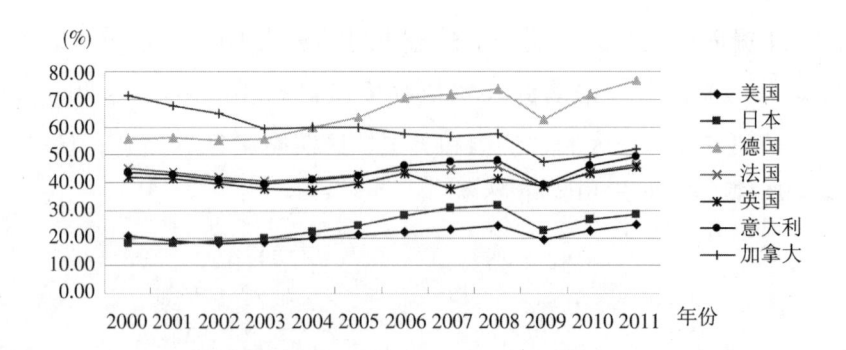

图 3-21　2000—2011 年 G7 国家外贸依存度（%）

（二）进口额

外贸依存度是相对于一国 GDP 而言的贸易规模，无法从总量上有效反映一国的贸易体量。表 3-22 给出的 G7 国家进口额显示，美国虽然外贸依存度最低，但是进口额在 G7 中是最高的，且居世界第一。德国的外贸依存度高，进口规模也大，2011 年有 1.2 万亿美元。

表 3-22　　　　2000—2011 年 G7 国家进口额（亿美元）

国家 年份	美国	日本	德国	法国	英国	意大利	加拿大
2000	12580.80	3797.08	5008.30	3037.58	3394.45	2380.69	2400.91
2001	11800.74	3493.00	4860.22	2938.66	3379.58	2361.27	2216.23
2002	12022.84	3376.09	4904.50	3038.31	3594.08	2466.09	2224.40
2003	13050.92	3834.52	6017.61	3625.17	3935.07	2974.03	2403.76
2004	15252.69	4552.54	7181.50	4342.42	4681.44	3552.67	2738.74
2005	17323.21	5158.66	7798.19	4758.57	5157.82	3848.36	3144.44
2006	19189.97	5790.64	9222.13	5299.02	6064.28	4425.65	3502.57
2007	20171.21	6222.43	10593.08	6113.64	6246.13	5118.23	3806.47
2008	21648.34	7625.34	12042.09	6950.04	6344.49	5609.60	4087.62
2009	16018.96	5519.85	9383.63	5405.02	4828.93	4147.84	3212.28
2010	19664.97	6926.21	10668.17	5991.72	5625.01	4869.84	3921.09
2011	22625.86	8553.80	12602.98	7008.52	6372.43	5588.32	4505.80

数据来源：联合国商品贸易统计数据库。

G7 国家的进口额在过去的十年里保持了基本一致的走势，同样受金融危机影响大幅下降，同样又从 2010 年强劲复苏。日本、法国、英国、意大利和加拿大的进口额由高到低排列，和这些国家的 GDP 排序一致（见图 3-22）。

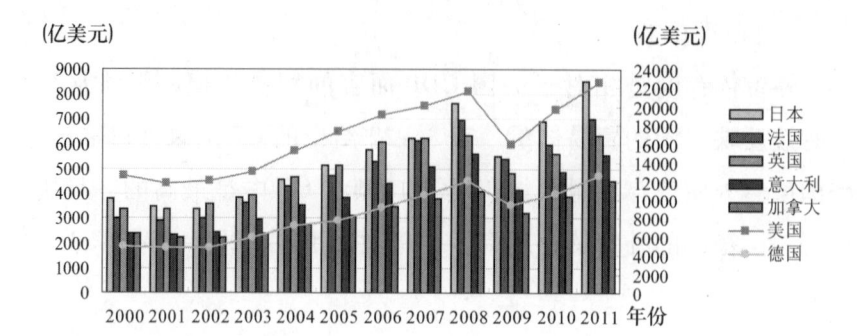

图 3-22　2000—2011 年 G7 国家进口额（亿美元）

数据来源：联合国商品贸易统计数据库。

（三）出口额

G7 国家在出口额方面普遍较大（见表 3-23），最高的是德国和美国，都在 1.48 万亿美元左右，德国略多。日本的出口额也较多，约为 0.8 万亿美元，之后依次是法国、意大利、英国和加拿大。

表 3-23　　　　　　2000—2011 年 G7 国家出口额（亿美元）

国家 年份	美国	日本	德国	法国	英国	意大利	加拿大
2000	7803.32	4792.76	5496.07	2953.45	2828.54	2399.32	2771.13
2001	7310.06	4033.64	5714.27	2895.99	2725.78	2442.52	2610.59
2002	6932.22	4167.15	6159.97	3048.92	2806.31	2542.16	2525.84
2003	7236.09	4719.96	7485.31	3581.32	3077.01	2994.66	2722.30
2004	8179.06	5657.61	9117.42	4137.08	3490.12	3535.43	3171.61
2005	9043.39	5949.41	9771.32	4343.54	3843.65	3729.57	3605.52
2006	10370.29	6467.25	11219.63	4790.13	4444.39	4171.53	3881.79
2007	11625.38	7143.27	13288.41	5397.31	4399.73	5002.03	4198.82

续表

国家 年份	美国	日本	德国	法国	英国	意大利	加拿大
2008	12998.99	7814.12	14661.37	5945.05	4577.43	5417.86	4556.32
2009	10567.12	5807.19	11278.40	4641.13	3511.63	4064.79	3151.77
2010	12771.09	7698.39	12710.96	5116.51	4058.69	4468.40	3865.80
2011	14797.30	8231.84	14822.02	5815.42	4737.57	5232.56	4504.30

数据来源：联合国商品贸易统计数据库。

图 3-23 显示，G7 国家在出口额的变动上也有基本一致的趋势，2003 年之后各国的出口额稳步增加，受金融危机影响，G7 各国的出口在 2009 年大幅下滑，到 2011 年已基本恢复。

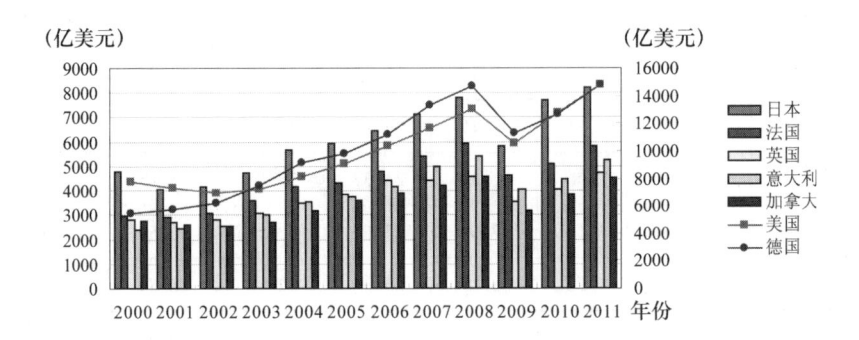

图 3-23　2000—2011 年 G7 国家出口额（亿美元）

（四）货物与服务出口占比

服务贸易也包含在广义的国际贸易口径中，只是由于统计上的困难，用的相对少一些。为了更准确地反映主要经济体的贸易出口情况，此处加入服务贸易的出口数据，考察各国货物与服务总的出口规模占GDP的比重。表3-24给出了G7各国的情况，可以看出德国在2011年已经超过50%，英国和加拿大也超过30%，之后依次为意大利、法国和日本，美国最少为14%。

表3-24　　2000—2011年G7国家货物与服务出口占比（%）

国家 年份	美国	日本	德国	法国	英国	意大利	加拿大
2000	11.04	10.88	33.38	28.81	27.71	26.77	45.58
2001	10.04	10.45	34.79	28.36	27.29	26.86	43.54
2002	9.47	11.25	35.67	27.50	26.26	25.48	41.56
2003	9.39	11.87	35.72	25.91	25.84	24.41	38.12
2004	10.00	13.21	38.55	26.14	25.53	25.19	38.42
2005	10.39	14.31	41.32	26.36	26.96	25.87	37.81
2006	11.05	16.17	45.51	27.02	29.12	27.62	36.13
2007	11.90	17.75	47.17	26.86	26.92	28.85	34.96
2008	12.99	17.71	48.15	26.95	29.81	28.46	35.12
2009	11.42	12.70	42.39	23.37	28.83	23.75	28.75
2010	12.79	15.19	47.01	25.57	30.54	26.56	29.43
2011	13.97	15.22	50.17	26.96	32.49	28.84	31.17

数据来源：世界银行国民经济核算数据和经济合作与发展组织国民经济核算数据。

纵向来看，G7各国在货物与服务出口占GDP比重上的变化并不一致（图3-24）：德国明显走高，加拿大则是下降趋势，意大利和法国基本没有变化，英国、日本和美国则略有上升。

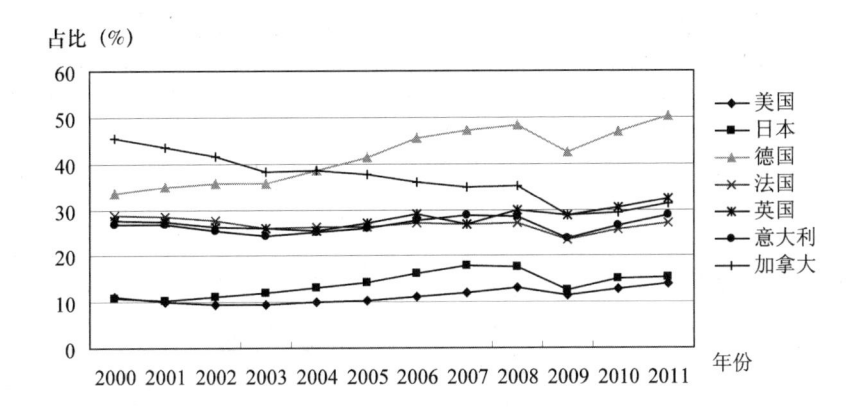

图 3-24 2000—2011 年 G7 国家货物与服务出口占比（%）

（五）国际直接投资净流入

贸易和投资在很大程度上具有替代性，本书对此也予以了考虑。这里报告的是经济体来自外国投资者的净流入，统计口径为股权资本、收益再投资、其他长期资本以及国际收支平衡表中显示的短期资本之和，数据按现价美元计。表 3-25 显示，美国作为第一大经济体，也是世界上吸收外资最多的国家，2011 年净流入 2575 亿美元。另据联合国贸易和发展会议统计，截至 2010 年年底，全球外国投资总存量为 19.14 万亿美元，其中美国占总存量的 18%，为 3.45 万亿美元。欧洲和加拿大是美国吸收外资的主要来源地，制造业、批发贸易、金融保险等行业吸收外资较多。2011 年法国、加拿大和德国外资净流入大概在 400 亿美元级别，英国和意大利均为 280 亿美元，日本由于大量的对外投资（联合国贸易和发展会议数据显示，2011 年日本 FDI 流出总量为 1143.5 亿美元，排名第二），在净流入方面几乎没有。

表 3－25   2000—2011 年 G7 国家国际直接投资净流入（亿美元）

国家 年份	美国	日本	德国	法国	英国	意大利	加拿大
2001	1670.20	61.91	261.71	503.43	538.42	148.74	277.11
2002	843.70	90.87	536.05	495.69	255.32	146.99	220.53
2003	637.50	62.38	309.34	430.62	276.12	165.38	72.06
2004	1459.66	78.07	-98.03	328.29	573.34	167.91	-7.41
2005	1383.27	43.24	418.51	887.84	2536.54	196.37	255.45
2006	2942.88	-46.23	555.45	886.54	2150.59	390.07	643.02
2007	3400.65	229.13	288.60	930.71	2405.40	400.43	1184.12
2008	3327.34	293.61	165.31	641.06	2615.35	-249.10	655.71
2009	1395.57	154.81	413.52	268.75	40.59	403.55	157.96
2010	2709.86	10.82	204.57	378.25	613.26	-52.89	206.33
2011	2575.28	0.79	390.67	452.09	283.06	280.03	395.10

数据来源：IMF 和联合国贸易与发展会议数据。

纵向来看，G7 国家在国际直接投资净流入方面没有明显的趋同性（图 3－25）。总体上 2005 年到 2008 年各国吸收净投资都比较多，处于一个相对的高涨时期。另外，各国的波动较大，特别是意大利在 2008 年和 2010 年都出现了大量的净流出。

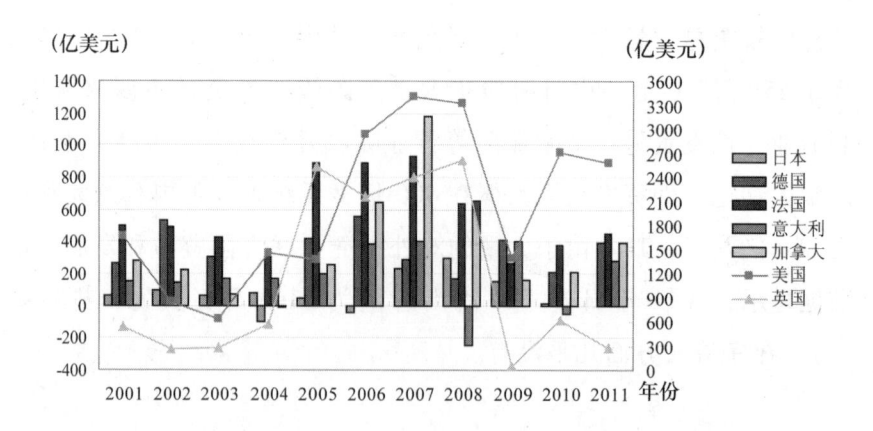

图 3－25   2000—2011 年 G7 国家国际直接投资净流入（亿美元）

二 金砖国家的贸易情况

（一）外贸依存度

金砖各国的外贸依存度从表3-26可以看出，相对G7国家而言整体稍低。依存度最高的中国在2011年也不到50%，俄罗斯、印度和南非等国也都在40%多，巴西仅为20%。

表3-26　　　　2000—2011年金砖国家外贸依存度（%）

年份\国家	巴西	俄罗斯	印度	中国	南非
2000	17.21	52.74	20.08	39.52	39.94
2001	20.57	46.23	19.20	38.61	43.55
2002	21.36	44.30	20.57	42.81	44.36
2003	22.00	44.38	21.34	51.89	39.34
2004	24.03	43.51	24.24	59.82	40.10
2005	21.83	44.76	29.06	62.92	41.29
2006	21.02	44.38	31.52	64.96	46.57
2007	20.53	42.46	29.40	62.35	50.28
2008	22.49	44.28	40.78	56.71	58.99
2009	17.32	38.74	32.59	44.23	41.56
2010	17.65	42.01	33.95	50.15	41.71
2011	19.45	44.25	41.29	49.75	47.20

数据来源：根据联合国商品贸易统计数据库和世界银行国民经济核算数据编制。

纵向来看（见图3-26），金砖国家中除俄罗斯外，其余各国均是稳中有升，中国和南非波动较大，巴西最为平稳。

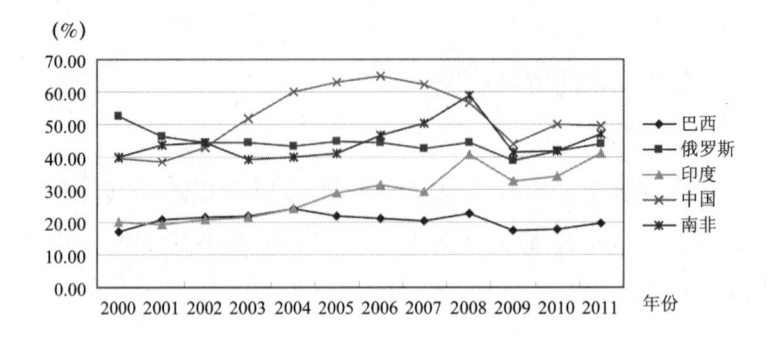

图 3-26　2000—2011 年金砖国家外贸依存度（%）

（二）进口额

金砖各国的进口额在表 3-27 中显示，可以看出中国的进口额在金砖国家中是最高的，2011 年超过 1.7 万亿美元，居世界第二。其他四国中最多的印度不足 0.5 万亿美元，最少的南非不足 0.1 万亿美元。

表 3-27　　　　2000—2011 年金砖国家进口额（亿美元）

国家 年份	巴西	俄罗斯	印度	中国	南非
2000	558.51	338.80	529.40	2250.94	267.71
2001	556.02	418.65	506.71	2435.53	255.95
2002	472.43	461.77	574.53	2951.70	262.21
2003	483.26	573.46	724.31	4127.60	345.43
2004	628.36	755.69	989.81	5612.29	476.03
2005	736.00	987.07	1408.62	6599.53	550.33
2006	913.43	1378.11	1782.12	7914.61	684.69
2007	1206.21	1997.26	2186.45	9561.15	798.73
2008	1731.97	2670.51	3157.12	11325.62	875.93
2009	1276.47	1708.27	2664.02	10055.55	637.66

续表

年份\国家	巴西	俄罗斯	印度	中国	南非
2010	1804.59	2289.12	3500.29	13960.02	801.39
2011	2262.43	3060.91	4624.03	17433.95	997.26

数据来源：联合国商品贸易统计数据库。

金砖国家的进口额虽然也受到金融危机的冲击，但在过去的十年里增长还是很多的（见图3-27）。2004年之后各国的进口额增速加快，中国由于积累了大量的外汇储备，不再一味追求贸易顺差，2009年以后的进口额更是迅猛增长。

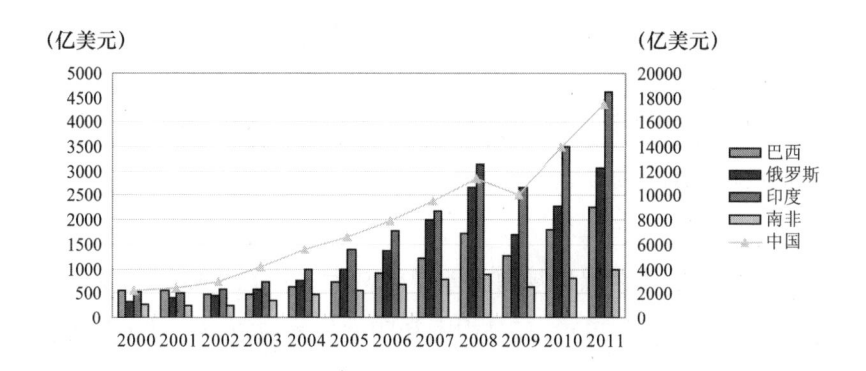

图3-27 2000—2011年金砖国家进口额（亿美元）

（三）出口额

金砖国家在出口额方面的差异非常明显（见表3-28），最高的中国接近1.9万亿美元，之后的俄罗斯是0.5万亿美元，往下依次是印度和巴西，最少的南非还不足0.1万亿美元。

表 3-28　　　　2000—2011 年金砖国家出口额（亿美元）

年份\国家	巴西	俄罗斯	印度	中国	南非
2000	551.19	1030.93	423.58	2492.03	262.98
2001	582.87	998.68	438.78	2660.98	259.98
2002	604.39	1066.92	500.98	3255.96	230.64
2003	732.03	1336.56	593.61	4382.28	316.36
2004	966.77	1816.00	759.04	5933.26	402.64
2005	1185.29	2414.52	1003.53	7619.53	469.91
2006	1378.06	3015.51	1212.01	9689.36	526.02
2007	1606.49	3522.66	1458.98	12200.60	640.27
2008	1979.42	4679.94	1818.61	14306.93	739.66
2009	1529.95	3017.96	1767.65	12016.47	538.64
2010	1973.56	3970.68	2204.08	15777.64	714.84
2011	2560.39	5169.93	3014.83	18983.88	929.76

数据来源：联合国商品贸易统计数据库。

金砖国家虽然在出口规模上差异非常大，但在出口额的变动上趋势是一致的（图 3-28）。只是中国和印度的增速要快于其他国家。

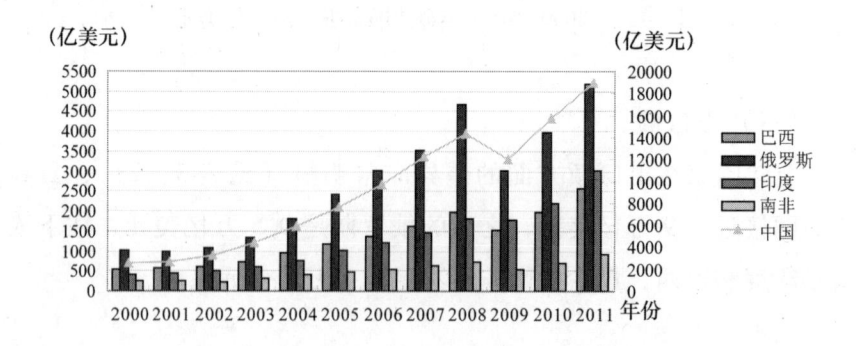

图 3-28　2000—2011 年金砖国家出口额（亿美元）

第三章 主要经济体金融发展与国际贸易关系考察

(四) 货物与服务出口占比

金砖各国货物与服务总的出口占 GDP 的比重见表 3-29。中国和俄罗斯所占比重较高,约 31%,与德国相比少了近 20 个百分点。之后是南非 29%,印度 25%,巴西最少为 12%。整体来看要低于 G7 国家,这也反映出新兴工业化国家在服务出口上还不具有优势。

表 3-29 2000—2011 年金砖国家货物与服务出口占比 (%)

年份\国家	巴西	俄罗斯	印度	中国	南非
2000	9.98	44.06	12.82	23.33	27.87
2001	12.18	36.89	12.38	22.60	30.13
2002	14.10	35.25	14.05	25.13	32.92
2003	14.99	35.25	14.71	29.56	27.88
2004	16.43	34.42	17.55	33.95	26.42
2005	15.13	35.20	19.28	37.08	27.38
2006	14.37	33.73	21.07	39.13	30.01
2007	13.36	30.16	20.43	38.41	31.29
2008	13.66	31.31	23.60	34.98	35.79
2009	10.98	27.94	20.13	26.71	27.40
2010	10.87	29.95	22.77	30.61	27.34
2011	11.89	31.05	24.64	31.37	28.82

数据来源:世界银行国民经济核算数据和经济合作与发展组织国民经济核算数据。

纵向来看,金砖各国在货物与服务出口占 GDP 比重上的变化没有一致性 (图 3-29):明显一路走高的只有印度,俄罗斯略呈下降趋势,中国处于上升形态,但波动很大,巴西和南非增长不显著。

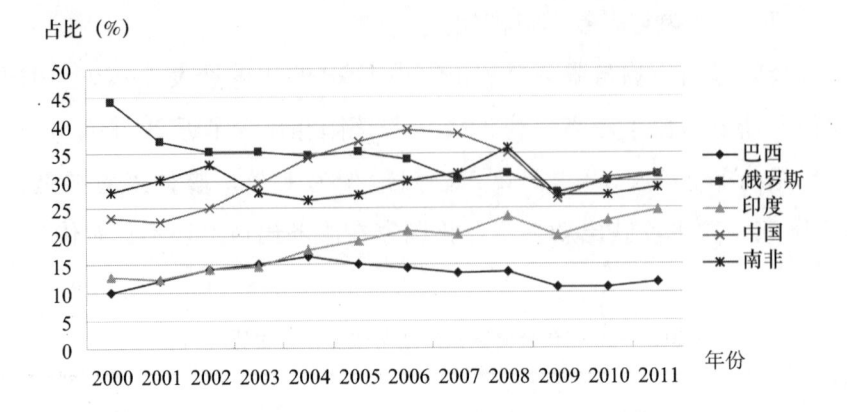

图 3-29　2000—2011 年金砖国家货物与服务出口占比（%）

（五）国际直接投资净流入

金砖国家由于良好的经济发展态势，吸引了较多的国际直接投资，见表 3-30。

表 3-30　2000—2011 年金砖国家国际直接投资净流入（亿美元）

年份＼国家	巴西	俄罗斯	印度	中国	南非
2001	224.57	27.48	54.72	442.41	72.70
2002	165.90	34.61	56.26	493.08	14.80
2003	101.44	79.58	43.23	470.77	7.83
2004	181.66	154.44	57.71	549.36	7.01
2005	154.60	128.86	72.69	1041.09	65.22
2006	193.78	297.01	200.29	1240.82	-1.84
2007	445.79	550.73	252.28	1562.49	57.37
2008	507.16	750.02	434.06	1715.35	96.45
2009	314.81	365.00	355.81	1310.57	53.54
2010	533.45	432.88	265.02	2437.03	12.24
2011	715.39	528.78	321.90	2201.43	57.18

数据来源：IMF 和联合国贸易与发展会议数据。

第三章　主要经济体金融发展与国际贸易关系考察

纵向来看，金砖国家在国际直接投资净流入方面有些类似（图3-30）。除南非外，其他四国总体上都处于上升的态势，从 2003 年到 2008 年各国净投资基本上是稳步增加的，2009 年受金融危机影响普遍下降，2010 年开始逐步恢复升势。

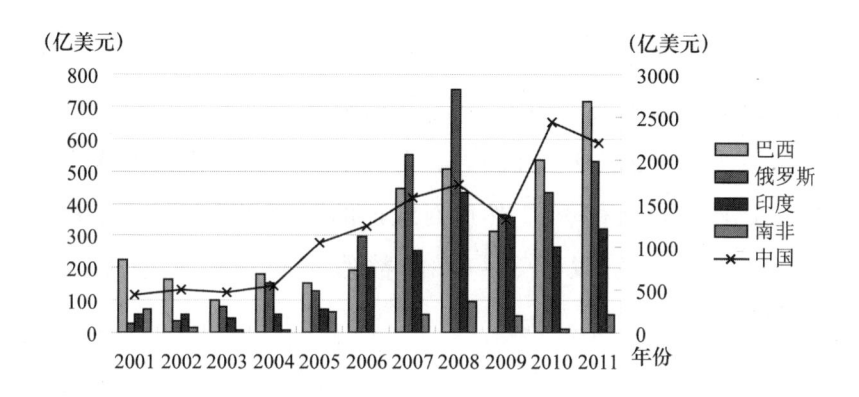

图 3-30　2001—2011 年金砖国家国际直接投资净流入（亿美元）

第四节　主要经济体金融发展与国际贸易的关系

通过前面的考察发现：美国、日本、德国、法国、英国、意大利和加拿大无论在经济总量还是人均 GDP 上都可以很好地代表发达国家。G7 各国的金融发展和国际贸易都具有很高的水平。从几个衡量的指标来看，各国国内的金融发展与贸易发展之间也具有很好的协调性。

金砖各国作为 G20 的成员，其经济体量和发展速度受到越来越多的关注，在国际经济舞台上发挥的作用越发重要，也能较好地代表新兴工业化国家。金砖各国的金融和贸易都处于发展的上升期，在各自的金融发展与贸易发展的关系方面也表现出和 G7 国家相同的特点。

为了能清楚地展现金融发展和国际贸易的基本关系，下面分别用 M2/GDP（货币化率）、国家总储备、银行部门国内信贷/GDP、贷款利率、银行资本/总资产、股市总市值/GDP（证券化率）和股市交易总额/GDP 来代表金融发展指标，用进出口总额/GDP、货物与服务出口总额/GDP、进口额、出口额和 FDI 净流入来代表贸易类指标，把这两组国家放到一起进行比较（表 3-31）。需要说明的是，此处对比主要选用了 2011 年的数据，对于波动较大的指标做了年度平均（如 FDI 净流入），舍去了没有代表意义的极度异常值（如巴西的贷款利率），然后对组内的国家值在每一个指标上进行了平均处理。所以表 3-31 的数值是经过多次处理的"代表"值。

表 3-31　　　　两组国家金融发展与国际贸易指标对比

	金融指标						
	M2/GDP（%）	国家储备（亿美元）	国内信贷/GDP（%）	贷款利率（%）	银行资本/总资产（%）	股市市值/GDP（%）	交易总额/GDP（%）
G7 国家	142.6	3671.6	200.6	2.6	6.3	61.8	89.6
金砖国家	92.3	8893.8	105.1	9.1	9.0	48.4	67.3
	贸易指标						
	进出口额/GDP（%）	货物与服务出口/GDP（%）	进口额（亿美元）	出口额（亿美元）	FDI 净流入（亿美元）		
G7 国家	46.20	28.40	9608.24	8305.86	666.49		
金砖国家	40.39	25.60	5675.72	6131.76	416.52		

数据来源：根据本章相关数据整理。

第三章　主要经济体金融发展与国际贸易关系考察

观察发现：G7代表性国家在货币化率、国内信贷占比、股市市值占比和股市交易额占比等指标数值上很高。这些指标数值和代表的金融发展水平是正相关的。在国家储备、贷款利率以及银行资本占总资产比例三项指标数值上G7代表性国家较低。关于国家储备是因为G7国家金融发展水平高，其货币多是流动性很强的主权货币，因而不需要大量的国家储备。贷款利率作为融资成本，随金融发展水平的提高而下降。银行资本占总资产的比重则随着金融效率的提高而下降。所以这三个指标数值和其代表的金融发展水平是负相关。总体来看，G7代表性国家拥有较高的金融发展水平。

与之相对应的是，G7代表性国家也拥有较高的外贸依存度、较高的货物与服务出口占比、较高的进口额和出口额以及较多的FDI净流入代表着较高的贸易水平。

金砖代表性国家在上述指标上也反映出了金融发展水平和贸易发展的正相关关系。即金砖代表性国家处于由较低的货币化率、较高的国家储备、较低的国内信贷占比、较高的利率、较高的银行资本占总资产比率、较低的证券化率和股市交易额代表的较低的金融发展水平上。与之对应的是较低的外贸依存度、较低的货物与服务出口占比、较低的进口额和出口额以及较低的FDI净流入代表的较低的贸易发展水平。

为了更清楚地揭示金融指标和贸易指标的对应关系以说明较高的金融发展水平是与较高的贸易水平相联系的，下面选出金融和贸易各五个指标，将其对应起来观察。五个金融指标（指标1到指标5）依次是M2/GDP、银行部门国内信贷/GDP、贷款利率、银行资本/总资产、股市总市值/GDP；五个贸易指标（指标1到指标5）依次是进出口总额/GDP、货物与服务出口总额/GDP、进口额、出口额和FDI净流入。按照前面的分析，金融指标1、2、5越高对应

金融发展与国际贸易关系研究

的贸易指标1、2、5越高,金融指标3、4越低则对应的贸易指标3、4越高。为了便于展示,对表3-31的不同指标数值做了对数化处理。从图3-31上可以清楚地看到这种关系:较高的金融发展水平对应较高的贸易水平。

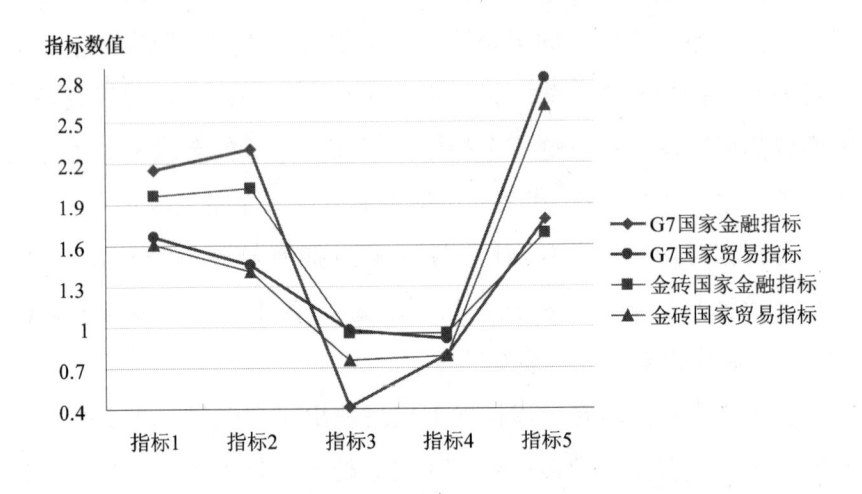

图3-31 两组国家金融发展与国际贸易关系示意图

本章小结

本章在世界范围内考察了金融发展与国际贸易的相关关系,从20国集团中选出G7国家来代表发达国家,同时选出金砖五国来代表新兴工业化国家。在诸多的金融和贸易指标中出于数据的可获得性和可对比性,本书选取了货币化率、国家储备、银行部门国内信贷占GDP比重、贷款利率、资本与资产总额比率、股票市值占GDP比重以及股票交易额占GDP比重等指标来反映金融发展情况;选取了外贸依存度、进口额、出口额、货物与服务出口占比、外国直接投资净流入等指标来代表贸易发展情况。

第三章 主要经济体金融发展与国际贸易关系考察

考察发现，G7国家一方面拥有较高的货币化率、较低的国家储备、较高的国内信贷占比、较低的利率、较低的银行资本占总资产比率、较高的证券化率和股市交易额代表的较高的金融发展水平，另一方面拥有较高的外贸依存度、进口额、出口额、货物与服务出口占比以及外国直接投资净流入代表的较高的国际贸易水平。金砖国家与此相对，拥有较低的货币化率、较高的国家储备、较低的国内信贷占比、较高的利率、较高的银行资本占总资产比率、较低的证券化率和股市交易额以及较低的外贸依存度、较低的货物与服务出口占比、较低的进口额与出口额和较低的FDI净流入。这从实际情况出发说明了金融发展与国际贸易发展具有一致性。

本章在最后将两类国家进行抽象化处理，各自用一个代表性国家来表示，对前面的指标数值进行年度平均和均值处理，在最后的图形中又进一步作了筛选和对数化处理，所有这些工作清楚地揭示了金融发展水平和国际贸易水平之间存在正相关关系。

第四章 金融发展与国际贸易作用机理研究

本章的作用机理研究是承接第二章的理论分析和第三章的主要经济体考察而来。从第二章的理论回顾中我们看到不论是金融深化理论、比较优势理论还是规模经济理论,都蕴含着金融发展和国际贸易相联系的思想。从第三章的实践考察中我们也发现,不论发达经济体还是新兴市场国家的贸易和金融之间也确实存在着密切关联。那么,究竟金融发展和国际贸易是通过什么渠道实现这种联系的?或者说金融发展与国际贸易间的作用机理是怎样的?对此进行解释正是本章研究的目的所在。下面我们从规模经济、融资成本、风险分散、汇率变动和金融工具创新五个渠道进行剖析。

第一节 规模经济渠道

第二章的理论分析中我们知道比较优势是国家间分工和贸易的主要依据。对于一国比较优势的形成有很多影响因素,如劳动生产率、生产要素禀赋、技术差异等。此外,规模经济也是形成比较优势的重要来源,规模经济可以通过有效降低成本,提高生产效率,使得即使在要素禀赋、生产技术和消费偏好相同的情况下,具有规模经济的一方依然可以存在比较优势，取得贸易利益。关于一国金融发展通过规模经济的渠道影响到贸易的作用机理，本书通过 Beck（2002）的模型加以阐述。

Beck（2002）关于金融发展和贸易的理论模型是在 Helpman（1981），Khan（1997）等人的基础上建立的。其模型中假定两个部门都可以使用外部融资，不同的是一个部门具有规模递增的效应，另一个则没有。规模递增的部门更依赖于外部融资。当一个国家金融发展水平较高时，可以帮助企业克服流动性约束，发挥规模经济效应，建立和增强其比较优势，扩大该种产品的生产和贸易出口。其模型推导如下：

一 消费者

跨期模型中，当事人在第一期可以投资生产，投资所得收益 qk（其中，q 是资产收益）可以选择当期消费或是储蓄起来。在第二期期初，储蓄可以存入金融中介机构，利息为 $R = 1 + i^D$。给定事前偏好和稳定的主观折现率。有：

效用函数 $U = \max\{\ln(c) + \beta\ln(c')\}$

服从预算约束 $c' = (qk - c)R$

则第一期消费为 $c = \dfrac{qk}{1+\beta}$

因为偏好是对数形式，所以储蓄率不变。消费者先决定当期的消费如何分配，然后再决定跨期的消费与储蓄分配比例。消费品由食品类 x 和各种制造品 y_j 组成：

$$c = x^\delta \left(\int_{j=0}^{\omega} y_j^\sigma dj\right)^{\frac{1-\delta}{\sigma}}$$

消费函数为柯布－道格拉斯形式，在食品上花费 δ，在制成品上花费 $1-\delta$。当 $0 < \delta < 1$，消费者效用会随制成品消费种类的增

加而提高，消费者对于食品 x 和制造品 y_j 的需求函数分别为：

$$x = \delta(c + c')$$

$$y_j = \frac{(1-\delta)(c+c')}{p_j^{\frac{1}{1-\sigma}} \int_{i=0}^{\omega} p_i^{\frac{-\sigma}{1-\sigma}} di}$$

此处，食品价格标准化为 1，第 j 种制成品的价格 p_j 是相对价格，价格弹性为 $1/(1-\delta)$。

二 生产者

企业家在各期均可随机获得生产食品 x 和制造品 y_j 的技术：

$$x = zi = z(k+l)$$

$$y_j = \alpha zi - T = \alpha z(k+l) - T$$

此处，k 是企业家净资产，l 是来自金融中介的贷款，z 是对企业的一次冲击，服从范围为 0 到 b 的统一分布函数 $F(z) = z/b$，期望值为 $\zeta = \int_0^b z dF(z) = b/2$。初始成本 T 在生产开始后变为沉没成本。生产系数 $\alpha > 1$ 可以保证制造品具有更高的生产效率。制造业产品差异化可以零成本实现，所以每个企业家都专业化生产一类有差异化的商品。

有了金融中介机构的存在，企业家通过借贷来扩大其资产规模的摩擦成本大大减少。企业家和金融中介通过签署"标准债务合约"保证企业利润最大化和中介零利润的条件得到满足。

对于食品生产企业，其理想债务合约与产出最大化是一致的。

$$\max_{\gamma_x, l} \frac{(z-\gamma_x)^2}{2b}(k+l) \tag{4.1.1}$$

式 4.1.1 是企业最大化产出，它服从金融中介的融资约束

$$(k+l)\left[\frac{\gamma_x^2(1-\lambda)}{2b} + \frac{\gamma_x(b-\gamma_x)}{b}\right] \geq R\frac{l}{1-s} \qquad R, k \text{ 给定} \tag{4.1.2}$$

第四章 金融发展与国际贸易作用机理研究

将金融中介机构每单位投资的预期收益定义为

$$J(\gamma_X) \equiv \frac{\gamma_x^2(1-\lambda)}{2b} + \frac{\gamma_x(b-\gamma_x)}{b}$$

则式（4.1.2）可改写为

$$(k+l)J(\gamma_X) \geqslant R\frac{l}{1-s} \qquad R, k \text{ 给定}$$

同样，对于制成品生产企业，定义 $\alpha p\gamma_y$ 为每单位投资的固定支出，理想债务合约表示为

$$\max_{\gamma_y, l} \alpha p \frac{(z-\gamma_y)^2}{2b}(k+l) \tag{4.1.3}$$

服从于 $\alpha p(k+l)\left[\dfrac{\gamma_y^2(1-\lambda)}{2b} + \dfrac{\gamma_y(b-\gamma_y)}{b}\right] \geqslant R\dfrac{l}{1-s}$ R, k

给定 (4.1.4)

按上面食品生产的方式定义 $J(\gamma_y)$，则式（4.1.4）改写为

$$\alpha p(k+l)J(\gamma_y) \geqslant R\frac{l}{1-s}$$

再来看信贷部门的情况。用 $\Phi = L/(L+K)$ 表示经济中总体债务占比，用 Φ_i，其中 $i=x,y$ 表示食品和制成品的债务占比。在均衡状态时，$\gamma_x, \gamma_y, \Phi_x$ 和 Φ_y 可在下面的公式中得到。

$$\frac{J(\gamma_X)}{R_X(\gamma_X)}(1-s) = \varphi_x$$

$$\frac{\alpha p J(\gamma_y)}{R_y(\gamma_y)}(1-s) = \varphi_y$$

$$R_X(\gamma_X) = R_y(\gamma_y)$$

$$\theta\varphi_x + (1-\theta)\varphi_y = \Phi$$

其中，θ 表示食品部门资产占比。两类企业家的资产收益分别为

$$q_x = \frac{1}{1-\varphi_x} \cdot \frac{(z-\gamma_X)^2}{2b}$$

$$q_y = \frac{\alpha p}{1-\varphi_y} \cdot \frac{(z-\gamma_y)^2}{2b} - \frac{T}{K}$$

此处 q_x 和 q_y 与净资产水平分别为不相关和正相关。两部门的生产会一直持续,并且企业家会偏好用借贷来维持生产。

当信贷市场均衡后,产品和要素市场也将出清。食品生产由于规模收益不变假设,所以其边际成本和平均成本都等于价格。

$$c_x(\gamma_x) = c_{xx} = (1-\varphi_x)q_x + \varphi_x J(\gamma_X) = 1 \qquad (4.1.5)$$

制造业生产具有一定的垄断竞争性质,所以边际成本等于边际收益。

$$\sigma p = c_{yy} = (1-\varphi_y)q_y + \varphi_y \alpha p J(\gamma_y) \qquad (4.1.6)$$

进入自由使得利润为零,所以均衡时平均成本等于价格

$$p = c_y = (1-\varphi_y)q_y + \varphi_y \alpha p J(\gamma_y) + T/y \qquad (4.1.7)$$

企业家可在两部门间自由选择

$$q_y = q_x \qquad (4.1.8)$$

式(4.1.5)到式(4.1.8)是企业长期均衡条件。产品市场的均衡要求食品的供求相等:

$$\frac{x}{y} = \frac{\delta p}{1-\delta}$$

均衡的结果是,制成品生产部门可以获得更多的利益,企业家会倾向于生产制成品。

最后,将模型扩展为两个国家,假设规模、偏好、技术都相同,但金融发展水平不同(以搜寻成本表示)。国际市场上的均衡条件为:

$$\frac{x+x^*}{y+y^*} = \frac{\delta p}{1-\delta}$$

综上，一个国家的金融发展程度较高，就会便利和激励具有规模效应的产业部门的发展。例如，制成品的生产就属于这种情况，这类部门更依赖于外部融资，因此金融体系越有效率，该部门越能发挥规模效应，比较优势越突出，这样在国际分工中就形成了更多的生产并出口该类产品的格局。

第二节　融资成本渠道

一国金融发展水平会影响到该国企业的融资成本，进而影响对外部融资依赖程度不同的产业部门的发展，决定该国的国际分工和贸易格局。Kletzer 和 Bardhan（1987）在其主权风险下的国际信贷市场道德风险模型中实际上就探讨了不同国家企业融资成本的差异对部门生产和贸易分工的影响。

在模型中，假定两个国家，两种产品，两种生产要素。假定规模收益不变且两国具有相同的生产技术、要素禀赋和消费偏好。两种产品中最终产品（制成品）的生产必须以中间产品（初级产品）为当期投入，本期投入的借贷可以用下一期的产出来偿还。最终产品需要更多的信贷支持。在满足上述假设后，要从国际信贷市场取得贷款，就需要支付与该国声誉匹配的利率代价。金融发展水平的高低和取得融资利率的高低成反比，如此一来，金融水平的高低优势就体现为融资成本的大小，信贷依赖度高的最终产品部门在国际分工中就只能由金融水平高的国家来生产。所以，贸易格局也因此而确定。

模型的推导如下：y 代表最终产品，x 代表中间产品。则生产函数为

$$y = lf(k_1, x_1) \tag{4.2.1}$$

$$x = (1-l)g(k_2) \tag{4.2.2}$$

k_1 和 k_2 代表每个部门的资本密集度，x_1 是中间品和部门 1 所用劳动的比例。l 是部门 1 所用劳动。可得到的贷款利率为 r，市场均衡的一阶条件是：

$$\frac{\delta f(k_1, x_1)}{\delta k_1} = q \cdot g'(k_2) \tag{4.2.3}$$

$$\frac{\delta f(k_1, x_1)}{\delta x_1} = (1+r)q \tag{4.2.4}$$

$$\left(f - k_1 \frac{\delta f}{\delta k_1} - x_1 \frac{\delta f}{\delta x_1}\right) = q(g - k_2 g') \tag{4.2.5}$$

$$k = lk_1 + (1-l)k_2 \tag{4.2.6}$$

此处 q 是产品 2 对于产品 1 的相对价格，k 是该国总体的资本劳动比率。给定 q 固定不变，两国都是不完全的专业化分工，则有

$$\begin{bmatrix} dx_1/dr \\ dk_1/dr \\ dk_2/dr \end{bmatrix} = \frac{q}{f_{xx}f_{kk} - (f_{xk})^2} \begin{bmatrix} f_{kk} + \dfrac{x_1 f_{xk}}{k_1 - k_2} \\ -f_{xk} - \dfrac{x_1 f_{xx}}{k_1 - k_2} \\ \dfrac{-x_1}{(k_1 - k_2)g''(k_2)} \end{bmatrix} \tag{4.2.7}$$

假设当中间产品投入增加，部门 1 的劳动和资本的边际生产率会随之提高，$-k_1 f_{xk} - x_1 f_{xx} > 0$，$f_{xk} > 0$，

可以得到

当 $k_1 > k_2$ 时，$\dfrac{dk_1}{dr} > 0$，$\dfrac{dk_2}{dr} > 0$

当 $k_1 < k_2$ 时，$\dfrac{dk_1}{dr} < 0$，$\dfrac{dk_2}{dr} < 0$

可以看出，假如 $k_1 > k_2$ 时，当贷款利率 r 提高，两个部门的资本密集度也随之提高。部门 1 的产出下降，部门 2 所用劳动增加，产出

增加。其一般意义是，金融发展水平低的国家，当利率上升时，最终产品部门需要释放一些劳动到中间品部门，使得中间品部门的产出增加，而最终品部门的产出下降。当金融发展水平较低国家的最终产品需求不变时，该国就会对外出口中间产品，进口最终产品。

第三节 风险分散渠道

假定代表性个体是风险厌恶者，在金融市场不完全的情况下，他会寻求避免或减少损失的办法。贸易壁垒和贸易干预便是用来在金融市场不完全时进行风险规避的途径，他们将从中受益。当国内的资本（金融）市场较为发达，可以提供分散风险的资产组合选择时，寻求关税保护的游说活动就会消除，自由贸易政策将得以推行。

Feeney 和 Hillman（2001）的模型基于金融市场风险分散的视角对一国实施自由贸易政策的条件进行了考察。模型显示，当存在一个可以进行风险分散的金融市场时，代表性个体寻求贸易保护政策的动机会大大降低。也就是说金融市场的发展有助于贸易开放和自由贸易政策的实施。模型的基本思路是先对经济和政治环境、代表性个体决策和贸易政策决策机制进行描述。然后对国内金融市场的进入分情况讨论其政治经济学均衡结果。模型给定一个国家，它和世界上其他剩余国家发生贸易。对于产业联盟在寻求保护政策中的作用以及它对贸易政策的影响，模型给予肯定。但是为了突出具体行业的作用以及出于决策分析之便利，模型把研究具体行业要素所有者的游说作为重点。假定每个行业都需要物质资本和人力资本。经济体随机提供两种产品，此处对两种产品进行划分只是为了说明一种产品的中间投入要素资本在资本市场上可交易，而另一种则不能。可交易资本所占的相对比例对于贸易政策的决定是非常关键的。

一 生产、偏好和贸易

假定竞争性企业规模收益不变,用包含人力和物质资本的特定行业投入,随机提供消费品 X 和 Y。人力资本和物质资本分别用 H_j 和 $K_j(j=X,Y)$ 代表,且 $H_j = \bar{H}_j; K_j = \bar{K}_j$。

生产函数为

$$X(s) = \varphi_X(s) F(K_X, H_X) = \varphi_X(s) \quad (4.3.1)$$

$$Y(s) = \varphi_Y(s) F(K_Y, H_Y) = \varphi_Y(s) \quad (4.3.2)$$

此处,生产力冲击 $\varphi_j(s)$ 严格为正,服从独立同分布。$s = \{1,2,3,\ldots,s\}$,$F(.)$ 在行业间是一样的,为了便于分析,标准化为1。

物质资本和人力资本要素所有者报酬受生产力冲击以及国内价格 $p_j(s) = (1+\tau_j(s)) \cdot p_j^w$ 决定。$\tau_j(s)$ 为关税,$\delta_j(s)$ 为行业总的报酬支付,人力和物质资本的要素报酬分别是 $\delta_{ij}(s)$,$i = H, K$。

$$\delta_j(s) = p_j(s)\varphi_j(s)$$

$$\delta_{ij}(s) = \theta_{ij}\delta_j(s)$$

$\theta_{Hj} = F_2(K_j, H_j) H_j / F(K_j, H_j)$ 和 $\theta_{Kj} = F_1(K_j, H_j) K_j / F(K_j, H_j)$ 代表要素的分配比例,数字下标代表偏微分。因为完全竞争,所有的产品收益通过报酬支付给要素所有者。政府的关税收入被等量地重新分配到行业。

初始要素禀赋分为两种类型,x 型代表性个体拥有用于 x 行业的物质和人力资本,y 型代表性个体拥有用于 y 行业的物质和人力资本,假定代表性个体间无差异,数量量化为1。J 型($j=x,y$)代表性个体的期望效用函数为

$$E\{\Psi(x^j(s), y^j(s), \ell^j(s))\} = E\{u(x^j(s), y^j(s)) + z(1-\ell^j(s))\}$$

$$(4.3.3)$$

$z(1-\ell^j(s))$ 代表闲暇效用，$\ell^j(s)$ 代表用于游说的时间比例。

二 政策决定机制

假定政府只采用进口关税政策，代表性个体不进行出口补贴或转移支付等游说。政府通过施加进口关税对游说做出反应，关税和用于游说的时间成正比，在状态 S 时关税通过代表性个体的游说进行分配。

$$\tau_j(s) = \tau(\ell^j(s))$$

此处 $\tau'(\ell^j(s)) > 0, \tau''(\ell^j(s)) < 0, \tau(0) = 0$

三 消费者和投资者决策

代表性个体追求效用最大化，其收入条件为

$$I^j(s) \equiv \alpha^j \delta(s) + \frac{1}{2} R(s) = (1+\tau_X(s))x^j(s) + (1+\tau_Y(s))y^j(s)$$

此处，$I^j(s)$ 是事后收入，取决于权益份额 α^j，红利报酬 $\delta(s)$ 和关税收入 $R(s)$。

消费约束条件为

$$\frac{u_1(x^j(s), y^j(s))}{u_2(x^j(s), y^j(s))} = \frac{P_X(s)}{P_Y(s)} = \frac{1+\tau_X(s)}{1+\tau_Y(s)} \tag{4.3.4}$$

由于资产组合的选择取决于预期报酬，而预期报酬又受到贸易政策影响，所以游说活动要使得

$$\max_{\ell^j(s)} V(I^j(s), \tau_X(s)) + z(1-\ell^j(s))$$

其中，$0 \leq \ell^j(s) \leq 1$

考虑到生产率冲击和政治决策的影响，有

$$V_1(I^j(s), \cdot)\left\{\left(\frac{\partial I^j(s)}{\partial \ell^j(s)}\right) - x^j(s)\frac{\partial \tau_X(s)}{\partial \ell^j(s)} - y^j(s)\frac{\partial \tau_Y(s)}{\partial \ell^j(s)}\right\} -$$

$$Z'(1 - l^j(s)) = 0 \tag{4.3.5}$$

在只有国内市场的情况下，每个代表性个体选择

$$\max_{\alpha_{KX}^j, \alpha_{KY}^j} E\{V(l^j(s), \tau_X(s)) + z(1 - l^j(s))\}$$

服从于 $q_j = q_X \alpha_{KX}^j + q_Y \alpha_{KY}^j, 0 \leq \alpha_{ij}^j \leq 1$ 以及收入条件的约束。此处 q_j 是基于 K_j 的相对价格，反映了代表性个体 j 对资产初始要求的市场价格。进一步，资产组合的选择要满足下列一阶条件

$$E\{V_1(s)\delta_{KX}(s)\} - \gamma^j q_x = 0$$

$$E\{V_1(s)\delta_{KY}(s)\} - \gamma^j q_Y = 0$$

此处 γ^j 是代表性个体 j 资产财富的边际效用。综上，对 K_Y 和 K_X 所要求的相对价格为

$$\left(\frac{q_Y}{q_X}\right)^j = \frac{\theta_{KY}\{E\{V_1(l^j(s))\}E\{\delta_Y(s)\} + \text{cov}\{V_1(l^j(s)), \delta_Y(s)\}\}}{\theta_{KX}\{E\{V_1(l^j(s))\}E\{\delta_X(s)\} + \text{cov}\{V_1(l^j(s)), \delta_X(s)\}\}}$$

$$\tag{4.3.6}$$

此处 $\delta_j(s) = (1 + \tau_j(s))\varphi_j(s)$

四 没有风险分散市场的均衡

对于边际关税，游说的决定条件是

$$\tau'(l^x(s)) = \frac{2z'(1 - \ell^x(s))}{V_1(l^x(s))\varphi_x(s)} = \frac{2z'(1 - \ell^x(s))}{V_1(l^x(s))l^x(s)}\bigg|_{l = \tau = 0}$$

$$\tag{4.3.7}$$

此处 $r(l)$ 为严格凹函数，较高的 φ_x 会增加或减少代表性个体对政府的游说活动。当 X 是进口竞争性部门且 X 部门较大时游说政府的活动会增加。因为此时提高关税带来的价格上升会被放大，更有利于 X 报酬增加。相对的是，较高的 φ_x 会降低收入的边际效用。在不存在资本市场时，代表性个体收入完全来自 X 部门，并随供给

第四章 金融发展与国际贸易作用机理研究

冲击而提高。

如果国内资本市场可以做到风险完全分散，则代表性个体可以通过等量持有两部门收益分红的份额而获得一个稳定的总产出。若是两种类型的资本都是完全可交易的，那么给定相同的初始财富，代表性个体在每个部门拥有总收益的一半的所有权是可以做到的。但是只有物质资本是可交易的，那么以 X 代表性个体为例，就要求其持有的 $\bar{\alpha}_{KX}^{X}$ 和 $\bar{\alpha}_{KY}^{X}$ 满足

$$(\theta_{HX} + \bar{\alpha}_{KX}^{X}\theta_{KX}) = \frac{1}{2} \text{ 且 } \bar{\alpha}_{KY}^{X}\theta_{KY} = \frac{1}{2}$$

收入函数变为

$$I^{j}(s) \equiv \frac{1}{2}\delta_{X}(s) + \frac{1}{2}\delta_{Y}(s) + \frac{1}{2}R(s) \qquad (4.3.8)$$

代表性个体 x 和 y 的均衡分别为

$$\bar{\alpha}_{KX}^{X} = \frac{1}{2}\left\{\frac{\theta_{KX} - \theta_{HX}}{\theta_{KX}}\right\}, \bar{\alpha}_{KY}^{X} = \frac{1}{2}\left\{\frac{1}{\theta_{KY}}\right\}, \alpha_{HX}^{X} = 1 \qquad (4.3.9)$$

$$\bar{\alpha}_{KX}^{Y} = \frac{1}{2}\left\{\frac{1}{\theta_{KX}}\right\}, \bar{\alpha}_{KY}^{Y} = \frac{1}{2}\left\{\frac{\theta_{KY} - \theta_{HY}}{\theta_{KY}}\right\}, \alpha_{HY}^{Y} = 1 \qquad (4.3.10)$$

上式表明，生产资源的可交易性具有重要影响：如果不可交易问题很突出，代表性个体就无法有效地进行组合，只能更多地固定在某一个行业中。

五 物质资本占优下风险分散的均衡

如果物质资本的比例在两个部门都大于或等于人力资本，即

$\theta_{Kj} \geq \frac{1}{2}, \theta_{Hj} > \frac{1}{2}, j = X, Y$ 则为物质资本占优形态。假定代表性个体可以进入国内资本市场，而且 $\theta_{Kj} \geq \frac{1}{2}$。由于代表性个体具有相同的事后收入，外部冲击对于不同部门都是一样的，所以资产的

相对价格在部门间是相等的

$$\frac{q_Y}{q_X} = \frac{\theta_{KY}}{\theta_{KX}}$$

在任一状态下，当 $\ell^j(s) = \tau_j(s) = 0$，关税对代表性个体的净影响

$$\Gamma_X^j(s) = \frac{1}{2}\varphi_X(s) - \frac{1}{2}\left[\frac{1}{2}(\varphi_X(s) + \varphi_Y(s))\right] = \frac{1}{4}\varphi_X(s) - \frac{1}{2}\varphi_Y(s) \tag{4.3.11}$$

此值为负，因为通过资产组合能有效地实现从 X 部门拿到一半的红利报酬。任一状态下，$\varphi_X(s) < \varphi_Y(s)$，消费扭曲超过了从关税中所得。而且，游说减少了闲暇效用。没有任何一个代表性个体会去为进口关税游说政府。

此时，自由贸易政策会得以实施。代表性个体由于风险厌恶会借助国内资本市场实现更广泛的资产组合。这种组合会帮助打消游说政府采取关税保护进口竞争性行业的念头。

六　人力资本占优下风险分散的均衡

发达的国内资本市场会导致自由贸易的结论建立在资产中大部分是可交易的前提下。在人力资本占优形态下，国内资本市场不能单独导致自由贸易。在这种情况下，均衡受到部门间人力资本的相对重要性的影响。在此以 $\theta_{HX} = \theta_{HY} = \theta_H > \frac{1}{2}$，即资本可交易性对称的情况为例，设 X 为进口品，对代表性个体 X 来说，关税的净效应为

$$\Gamma_X^x(s) = \frac{1}{2}(\theta_H\varphi_X(s) - \theta_K\varphi_Y(s)) \tag{4.3.12}$$

当且仅当 $\frac{\theta_H}{\theta_K} > \frac{\varphi_Y(s)}{\varphi_X(s)}$ 时，为正值。

对个体 Y 来说，由于 $\theta_K < \theta_H$，所以

$$\Gamma_X^y(s) = \frac{1}{2}(\theta_K \varphi_X(s) - \theta_H \varphi_Y(s)) < 0 \qquad (4.3.13)$$

此时，个体 Y 不参与游说，进口竞争性行业 X 的代表性个体只有在 X 部门占比很大且闲暇的边际价值不高时才会游说政府征收关税。如果 $\varphi_X(s)$ 较低，消费扭曲无法得到依赖人力资本收入的补偿，关税为零。

同没有资产交易的经济相比，国内资本市场的进入，会使得引入净收益下降。在有的情况下，降为零或负值，另外的情况下，也会低于闲暇的价值。所以自由贸易得以实施。

第四节 汇率变动渠道

参考罗忠洲（2005）建立汇率波动对贸易条件影响的理论模型，用以说明汇率变动对国际贸易的影响。

模型假设：p_d^m、p_f^m、p_d^x、p_f^x 为进出口商品的本外币价格。p_d^m 是进口产品本币价格；p_f^m 是进口产品外币价格；p_d^x 是出口产品本币价格；p_f^x 是出口产品外币价格；直接标价法汇率 R；进口需求函数 $D_m(p_d^m)$；进口供给函数 $S_m(p_f^m)$；贸易条件 λ；

$$p_d^m = R p_f^m, \quad p_d^x = R p_f^x \qquad (4.4.1)$$

$$\lambda = \frac{p_d^x}{p_d^m} = \frac{p_f^x}{p_f^m} \qquad (4.4.2)$$

$$\frac{d\lambda}{dR} = \frac{d(p_d^x/p_d^m)}{dR} = \frac{1}{(p_d^m)^2(p_d^m \cdot dp_d^x/dR - p_d^x \cdot dp_d^m/dR)} \qquad (4.4.3)$$

此处，$\frac{d\lambda}{dR}$ 表示汇率变动与贸易条件的关系；$\frac{dp_d^x}{dR}$ 和 $\frac{dp_d^m}{dR}$ 表示汇率对出口和进口国内价格的弹性。

假定进口供需均衡，令

$$G(p_d^m, R) = D_m(p_d^m) - S_m(p_f^m) = D_m(p_d^m) - S_m(\frac{p_d^m}{R}) = 0 \tag{4.4.4}$$

根据隐函数定理，$\frac{dp_d^m}{dR} = -\frac{\partial G}{\partial R} / \frac{\partial G}{\partial p_d^m}$，整理得

$$\frac{dp_d^m}{dR} = \left(S_m'(-\frac{p_d^m}{R^2})\right) / (D_m' - \frac{S_m'}{R}) = \frac{S_m' p_d^m}{RS_m' - R^2 D_m'} \tag{4.4.5}$$

$$= \frac{p_d^m}{R} \cdot \frac{1}{1 - RD_m'/S_m'}$$

当 $S_m = D_m$，供需均衡时，$D_m' = \frac{dD_m}{dp_d^m}$，$S_m' = \frac{dS_m}{dp_f^m}$，令 ε_m 代表供给弹性，η_m 代表需求弹性，有

$$\frac{RD_m'}{S_m'} = \frac{RD_m'/D_m}{S_m'/S_m} = \frac{RdD_m/D_m \cdot 1/dp_d^m}{dS_m/S_m \cdot 1/dp_f^m}$$

$$= \frac{dD_m/D_m \cdot p_d^m/dp_d^m}{dS_m/S_m \cdot p_f^m/dp_f^m} \tag{4.4.6}$$

$$= \eta_m/\varepsilon_m$$

将公式（4.4.6）代入公式（4.4.5），有

$$\frac{dp_d^m}{dR} = \frac{p_d^m}{R} \cdot \frac{1}{1 - \eta_m/\varepsilon_m}$$

$$= \frac{p_d^m}{R} \cdot \frac{\varepsilon_m}{\varepsilon_m - \eta_m} \tag{4.4.7}$$

同理，有

$$\frac{dp_d^x}{dR} = \frac{p_d^x}{R} \cdot \frac{\eta_x}{\eta_x - \varepsilon_x} \tag{4.4.8}$$

将公式（4.4.7）和公式（4.4.8）代入公式（4.4.3），有

第四章 金融发展与国际贸易作用机理研究

$$\frac{d\lambda}{dR} = \left[\frac{p_d^m p_d^x}{R(p_d^m)^2}\right] \cdot \left[\frac{\eta_x}{\eta_x - \varepsilon_x} - \frac{\varepsilon_m}{\varepsilon_m - \eta_m}\right] \quad (4.4.9)$$

$$= \left[\frac{p_d^x}{p_d^m R}\right] \cdot \left[\frac{\eta_x \eta_m - \varepsilon_x \varepsilon_m}{(\varepsilon_x - \eta_x)(\varepsilon_m - \eta_m)}\right]$$

考察上式中汇率变化和贸易条件的关系：当汇率发生变化时，贸易条件会以一定比例随之变动。此比例受原来的贸易条件和汇率以及进出口供给和需求弹性决定。至于弹性，容易发现 $\varepsilon_m > 0$（因为 $\varepsilon_m = \frac{dS_m}{S_m} \cdot \frac{p_f^m}{dp_f^m}$，当进口商品外币价格上升时 $dp_f^m > 0$，进口商品供给量也上升 $dS_m > 0$，反之，当进口商品外币价格下降时 $dp_f^m < 0, dS_m < 0$，所以总有 $\varepsilon_m > 0$）。同理可得到 $\eta_m < 0$；$\varepsilon_x > 0$ 和 $\eta_x < 0$ 总成立。所以 $\varepsilon_x - \eta_x > 0$ 和 $\varepsilon_m - \eta_m > 0$ 也总是成立。

综上，汇率变化和贸易条件的正负关系取决于 $\eta_x \eta_m - \varepsilon_x \varepsilon_m$ 的取值。当 $\eta_x \eta_m = \varepsilon_x \varepsilon_m$（进出口的需求弹性等于进出口的供给弹性）时，有 $d\lambda/dR = 0$，即汇率变化不影响贸易条件；当 $\eta_x \eta_m > \varepsilon_x \varepsilon_m$（进出口的需求弹性大于进出口的供给弹性）时，有 $d\lambda/dR > 0$，即本币贬值（直接标价法下表现为 $dR > 0$），贸易条件改善。本币升值，贸易条件恶化。当 $\eta_x \eta_m < \varepsilon_x \varepsilon_m$（进出口的需求弹性小于进出口的供给弹性）时，有 $d\lambda/dR < 0$，即本币贬值，贸易条件恶化，本币升值，贸易条件改善。

第五节 工具创新渠道

金融工具随着经济贸易的发展而不断创新，既是对来自实体需要的一种满足，也是对实体经济的一种促进。本节将依次介绍出口信贷、信用证、出口押汇、福费廷、国际保理和套期保值几个工具在贸易中的作用。

一 出口信贷

在国际贸易中,对于技术含量高、交易金额大的大型成套设备和工程项目,进口商需要期限长、金额大的信贷支持。为了鼓励本国的出口,出口方愿意提供此种信贷。出口国政府一般通过补贴、担保等方式支持该国金融机构提供利率较低的贷款。根据信贷直接提供给出口商还是进口商,可分为卖方信贷和买方信贷。出口信贷的开展,为大型设备等贸易的开展提供了有力的支持。在金融发展水平较高的国家,出口信贷已经成为商业银行一项重要的国际信贷业务。

卖方信贷和买方信贷的目的和基本原理是一样的,都是由出口国银行向进口方提供融资便利,达到支持本国企业出口的目的。但是两种信贷在具体的程序和融资成本上有些许差异。买方信贷的基本流程如图4-1所示。

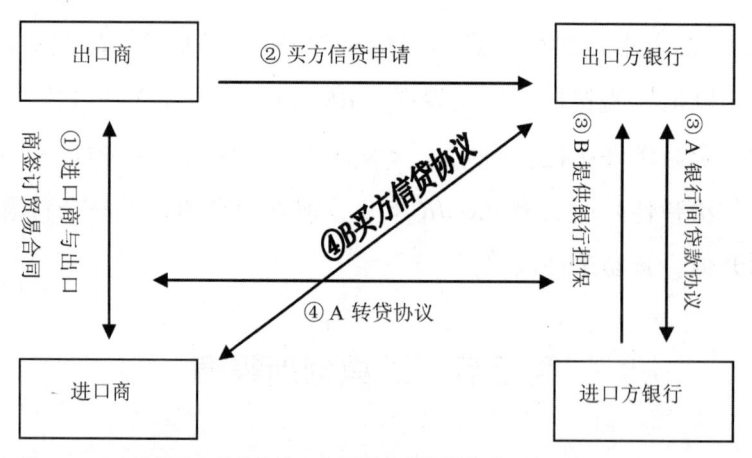

注:A、B分别为直接贷给进口方银行和直接贷给进口方。

图4-1 买方信贷流程

从实践来看，在出口信贷的初期，以卖方信贷为主，随着这种业务的不断开展，买方信贷逐渐占据主体地位。对比两者发现（见表4-1），买方信贷确实存在一些优势。

表4-1　　　　　　　不同信贷模式对当事人的影响

	卖方信贷模式	买方信贷模式
出口商	以延期付款方式将产品出售给进口商，除了要筹措资金、组织生产外，还会增加其资产负债表中的应收账款项目，从而对其资信产生不利影响	出口商能够从进口商那里以现汇的方式收到货款，既不影响资金周转，也不会因为资产负债表中的结构变化而影响其资信
进口商	出口方银行直接将款贷给出口商，出口商要承担贷款本息、管理费、保险费等费用，这些费用都会计入货价转嫁给进口商	进口商以现汇方式支付货款，货价不涉及信贷。从而不会影响进口商对货物真实价格的判断
出口银行	出口方银行贷款直接给出口商，这是完全的商业信用，安全性取决于企业的资信情况	出口方银行可以贷给进口方银行，即使直接贷给进口商也有进口方银行的担保。安全性较高

资料来源：根据有关文献资料整理。

二　信用证

信用证在国际贸易结算中的使用频率非常高，是最常见的支付方式之一。对于国际贸易的交易和结算风险起到很好的控制作用，为国际贸易的开展提供了极大的便利。由于国际贸易中货物和钱款不能当面交接，因此对买卖双方而言都存在自己履约而对方违约的风险。比如，出口商的担心是按合同发货后不能顺利地取得货款。信用证最大的特点就是它以银行信用代替了商业信用，开证行对付款负有第一责任。只要出口商做到了信用证所列示的要求，就可以肯定地从银行收到货款。

信用证本质上是以卖方为受益人的书面付款承诺。信用证中涉及的当事人主要有进口商、出口商、开证行（进口商所在地银行）、通知行/议付行（出口商所在地银行）等。其基本操作流程如下：见图 4-2。

（1）买卖双方签订贸易合同，对装运条款和支付方式进行规定，约定信用证结算。

（2）进口商以贸易合同为基础，向所在地银行（开证行）申请开立以出口商为收益人的信用证，向开证行缴纳一定比例的保证金并支付费用。

（3）开证行对外开出正式信用证。通常用 SWIFT 把信用证传递给出口商所在地的业务往来银行即通知行。

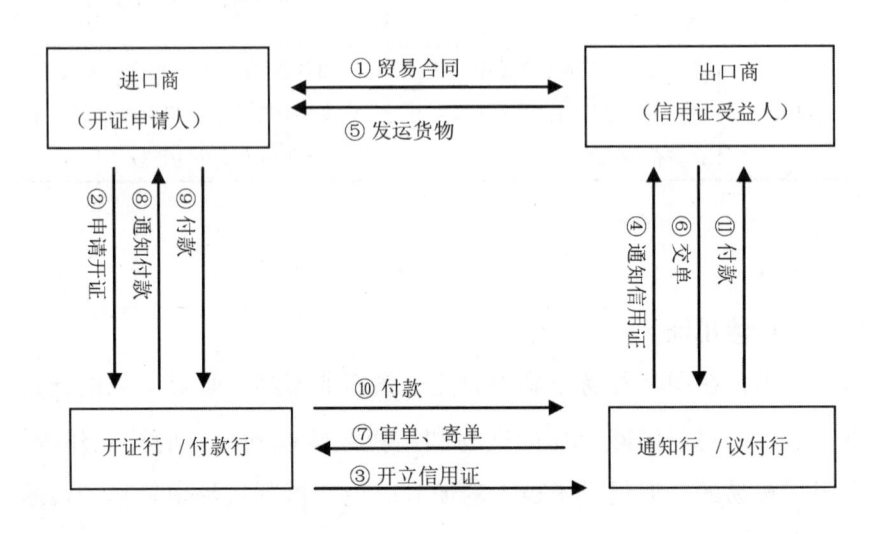

图 4-2 信用证基本流程

（4）通知行确认信用证真实后，向出口商通知、提交。

(5) 出口商审证无误后，按信用证要求发运货物，缮制单证。

(6) 出口商凭全套单证向议付行（通常有通知行充任）交单。

(7) 议付行初步审单无误后，寄往开证行要求付款。

(8) 开证行向进口商提示单据，要求付款。

(9) 进口商支付货款，取得全套单据。

(10) 开证行（此时履行付款行责任）向议付行（通知行）支付货款。需要说明的是，只要出口商提交的材料满足单证一致、单单一致的要求，即使进口商不向开证行支付货款，开证行也必须以第一责任人的身份对出口商支付货款。

(11) 议付行取得货款后将其支付给出口商。

三 出口押汇

出口押汇是一种短期的贸易融资方式。例如，在上面的信用证结算方式中，出口商向议付行提交全套单据以后，要等到议付行从国外的开证行那里收到货款后才能支付给自己。而这段时间里出口企业可能面临资金周转的压力。而出口押汇正是对出口商在出口后（以取得全套出口单据为准）至收款前这段时间给予短期融资的便利。

出口企业在出口货物后，可凭全套出口单据作质押，在收到国外付款之前，向银行申请押单付汇（俗称押汇）。银行具体的押汇操作视出口所采用的结算方式而定，因为不同的结算方式对外收回货款的风险不同。一般的信用证方式，银行在要求单证相符，单单相符后便可押汇；若是付款交单方式（D/P）或承兑交单方式（D/A），则必须着重于对国内出口商资信、偿还能力、出口产品在国外市场的销售情况等各方面进行审查。出口押汇的时间一般考虑进口国与我国的地理距离，即期信用证通常为 14 天，即期付款交单（D/P at sight）通常为 25 天，承兑交单（D/A）通常为远期到期日再加上 7 天到 14 天。

（1）出口商发运货物后取得全套出口单据。

（2）出口商向国内银行提供出口项下全套单据，申请押汇。银行审查是否符合押汇条件。

（3）出口商向银行出具"出口押汇质押书"，明确银行若不能从国外收回货款，可向出口商行使追索权以及对货物的处理权。

（4）押汇行向出口商发放押汇款，并收取费用。

（5）押汇行向国外进口商银行提示全套出口单据。

（6）国外进口商银行向进口商提示出口单据，要求付款。

（7）进口商支付货款。

（8）押汇银行收到国外进口商银行支付的货款。

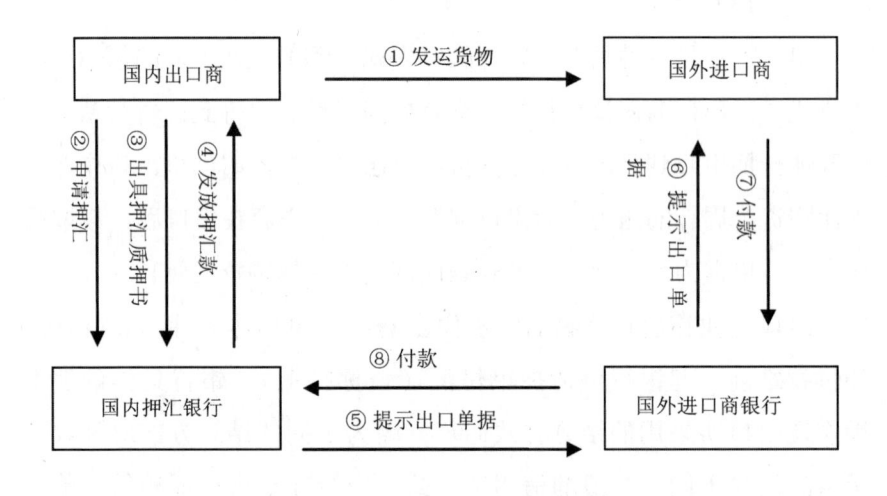

图 4-3 出口与押汇基本流程

四　福费廷

福费廷（forfaiting），来自于法语，愿意为丧失或放弃某项权利。福费廷的本质是出口商将票据无追索权地出售给包买商。对于出口商来讲,这种可以改善出口商现金流和财务报表的融资方式是很有用的,和出口押汇相比,第一是期限很长,通常为三五年;第二是无追索权,包买商即使最终得不到进口商的付款也不能对出口商行使追索权。福费廷的流程见图4-4。

(1)进出口双方签订贸易协议,其中包括进口商定期付款的方式。

(2)出口商和包买商达成福费廷协议,当出口商向包买商交付所需的本票或其他指定票据时,包买商即承诺以一个固定的折现率为其贸易融资,也就是对出口商进行支付。

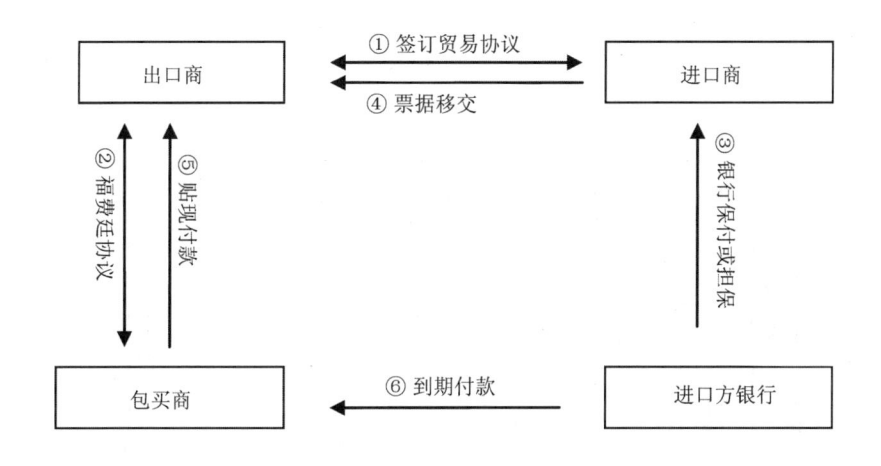

图4-4 福费廷业务基本流程

(3)进口商签发本票或其他票据,找到一个进口方银行,由银行对这些票据进行担保或保付。于是,在后来的票据持有人眼中,进口方银行便成为第一付款债务人。

(4)进口商将经过担保或保付的票据移交给出口商。

(5)出口商背书这些票据,并将它们折价出售给包买商,进而得到协议的现金收入。由于没有追索权，出口商就无须承担对票据未来的支付义务了。

（6）包买商可以持有票据到期，得到担保或保付银行的付款，也可以提前出售给其他投资者或在国际货币市场上再次贴现出售。

五 国际保理

以上几种结算或融资方式都涉及银行信用，但是如果仅有商业信用时，国际保理是一个不错的选择。出口商在出口交货后可以将应收票据卖给保理商，这样做的好处一是可以先行取得大部分货款，有利于资金周转。二是可以不必担心进口商信用，因为此时保理商成了第一付款人。

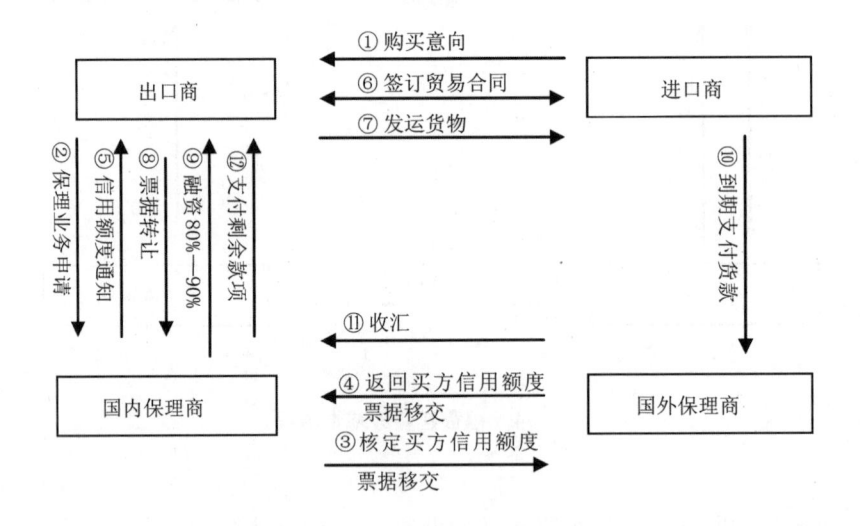

图4-5 国际保理基本流程

（1）进出口双方通过接触，达成购买意向。

（2）出口商基于购买意向，向国内保理商申请保理业务。

（3）国内保理商向国外保理商要求核定买方信用额度。

（4）国外保理商经过资信调查，返回买方信用额度。

（5）国内保理商给予出口商信用额度通知。

（6）双方在信用额度内签订贸易合同。

（7）出口商履行交货义务。

（8）出口商将应收账款的相关票据转让给国内保理商。

（9）国内保理商将应收账款总额的一定比例先行支付给出口商，通常为80%～90%，保理商若日后收不到货款，风险自负。保理商对出口商承担第一付款责任。

（10）进口商到期支付货款。

（11）国内保理商到期取得货款。

（12）国内保理商扣除相关费用后，将剩余部分货款支付给出口商。

六 套期保值

国际贸易中由于结算问题涉及外汇，所以不可避免地存在着外汇的交易风险。一个发展良好的金融市场可以提供多种方法让贸易商套期保值来规避风险，以促进贸易更好地开展。

假定贸易公司 A 为出口商，该公司出口一笔价值 100 万英镑的货物。3 个月后会收到货款 100 万英镑，但 A 公司需要将其兑换成美元。假设即期汇率为 \$1.7640/£；A 公司的外汇咨询商预测 3 个月后的即期汇率将达到 \$1.76/£。

不采取套期保值时，由于汇率的波动，有可能英镑贬值，A 公司收不到预期的 176 万美元，也有可能英镑走强，A 公司收到超过预期的更多的美元。A 公司的策略是现在什么都不做，一直等到 3 个月以后，以当天的即期汇率出售 100 万英镑并收到美元。由此看来，不进行套期保值会有较大的不确定性（外汇交易风险）。

如果有较为完善的金融市场，我们可以看到 A 公司至少有三种方法来实现套期保值。此处补充一些假设条件：3 个月远期汇率为 $1.7540/£；英镑借款利率 10%（或 3 个月 2.5%）；美元借款利率 8%（或 3 个月 2%）；美债投资回报率 6%（或 3 个月 1.5%）；A 公司的经营收益 12%；场外（银行）交易市场 100 万英镑 3 个月后交割的看跌期权，执行价格为 $1.75/£，期权费率为 1.5%。

方法一、在远期市场上套期保值

A 公司今天按照 $1.7540/£ 的 3 个月远期汇率报价卖出价值 100 万英镑的远期合约。通过这笔抛补交易，A 公司不再有任何外汇风险。3 个月后，公司将收到的 100 万英镑转送给银行用来履行远期合约，并收到 175.4 万美元。这样比原来的预期少了 0.6 万美元。

（今天） （3 个月后）

在 $1.7540/£ 的汇率下卖出 100 万英镑的远期　　　　　　收到 100 万英镑，履行远期合约并收到 175.4 万美元

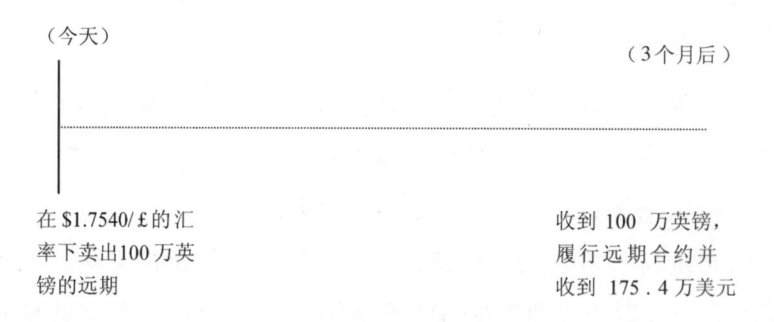

图 4-6　远期市场套期保值示意图

方法二、在货币市场上套期保值

A 公司立即借入英镑 £975 610（按给定的 3 个月 2.5% 的利率），3 个月后正好用应收账款 100 万英镑归还本息。现在借入的英镑立时兑换成美元，收到 $1720976。这些美元可以有多种选择：

（1）投资国债，按3个月1.5%利率，到期本息共计＄1746791；（2）替换债务节省贷款，按3个月2%利率，到期本息共计＄1755396；（3）用作经营资本，按3个月3%利率，到期本息共计＄1772605。

方法三、期权市场套期保值

A公司购买＄1.75/£价格下的看跌期权，期权费用为＄26460（£1000000＊＄1.7640/£＊1.5%），3个月后美元的价值由届时的即期汇率决定。这样一来可以确定美元收入的下限，即当3个月后的即期汇率小于＄1.75/£时，A公司可以得到＄1723540。

（今天） （3个月后）

借入£975 610　　　　　　　　收到£1 000 000
在$1.7640/£的汇率下换成　　归还£975 610借款和£24390
美元得到$1720976的现金　　利息，共计£1 000 000

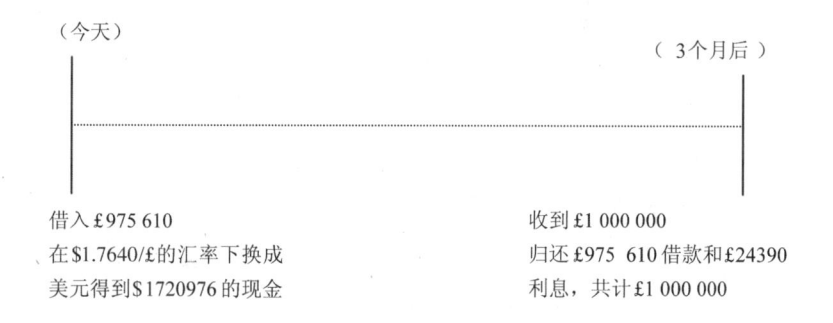

图4－7　货币市场套期保值示意图

（今天） （3个月后）

在$1.75/£价格下买入英镑的看　　收到£1 000 000，要么执行期权，兑
跌期权。购买看跌期权的期权费　　换成$1750000，要么以当前高于
为$26460　　　　　　　　　　　$1.75/£的即期汇率卖出英镑

图4－8　期权市场套期保值示意图

各种套期保值的方法都是可行的，在实践中也都有运用，其不同效果比较如下：

表4-2　　　　　　A公司各种套期保值策略的比较

	目标：从出口贸易中获得尽可能多的美元	
	方法	结果
不做套期保值	等待3个月后在即期市场上出售£1000000	1. 没有限制的最大值 2. $1760000的期望值 3. 最小值0（理论上）
远期市场 套期保值	方法 立即出售£1000000的远期合约	结果 3个月后确定地收到$1754000
货币市场 套期保值	方法 1. 以10%的利率借入£975610 2. 按即期汇率兑换成$1720976 3. 进行为期3个月的投资	结果 立即收到$1720976，3个月后收到的美元数额取决于投资所得： 1. 在6%的美债投资回报率上，收到$1746791 2. 在12%的资本回报率上，收到$1772605
期权市场 套期保值	方法 购买三个月期的看跌期权，标的资产为£1000000，执行价格为$1.75/£，费用成本为$26460	结果 1. 没有限制的最大值减去$26460 2. 期望值$1760000减去$26460，即$1733540 3. 最小值$1750000减去$26460，即$1723540

资料来源：根据有关文献资料整理。

本章小结

本章对金融发展与国际贸易之间的作用机理主要从五个渠道进

行了剖析。其中,规模经济、融资成本和风险分散可视为间接作用渠道;汇率变动和金融工具创新则是直接作用渠道。

对规模经济这一作用渠道的分析是对第二章中克鲁格曼等人基于规模经济的国际贸易理论的拓展阐述。通过详细推导揭示了这样一个逻辑:由于规模递增的部门更依赖于外部融资,一国较高的金融发展水平可以帮助企业克服流动性约束,发挥规模经济效应,扩大该种产品的生产和贸易出口。

对融资成本这一渠道的分析对应于第二章基于金融视角的比较优势。通过数理推导可以发现这样一个机理:融资成本可以构成一国比较优势的重要方面,特别是对于外部融资依赖度高的产业。同时,金融发展水平高的国家会有较低的融资成本。所以一国较高的金融发展水平可以大幅降低外部融资依赖度高的产业的融资成本,使该产业具有比较优势,从而决定国际分工和贸易格局。

对风险分散渠道的分析,是基于贸易保护与贸易自由化动因的角度。通过引入代表性个体进行数理推导后得出这样一个逻辑:一国较高的金融发展水平使得代表性个体可以做到有效的风险分散,从不同的部门得到收益,而不必通过游说政府提高关税来获取进口竞争部门的保护性红利,并且考虑到游说的成本和闲暇的效用,关税游说反而会降低整体收益,是不明智的。

对汇率变动渠道的分析是一种直接作用的逻辑,即一国的汇率变动会直接影响对外贸易。比较明确的是,本币贬值对出口有一定促进作用。但是汇率变动对贸易条件的影响就要复杂一些。通过数理推导得出以下逻辑:如果本币贬值对应的是进出口的需求弹性大于进出口的供给弹性,则贸易条件改善;反之则恶化。

对金融工具创新的渠道分析是基于实际操作层面金融为贸易提供便利的角度进行的。当然,国际贸易的实际需要也反过来会带动和刺激金融工具的创新。这一渠道内主要的工具有涉及银行信用的出口信贷、信用证、出口押汇和福费廷，也有依赖商业信用的国际保理和套期保值等。随着金融和贸易的不断发展，将来还会有越来越多的工具创新出现。

第五章　金融发展与国际贸易关系的中国经验分析

本章在前面理论分析和对主要经济体考察的基础上，实证分析了中国的金融发展与国际贸易关系。本章的思路和分析顺序是，首先以年度数据和季度数据在全国层面进行时间序列分析，然后在省际层面进行面板数据分析，最后在行业层面进行面板数据分析。

第一节　全国层面时间序列分析

一　指标选取和数据描述

（一）指标选取

对于代表金融发展和国际贸易水平的指标在第一章已经做了介绍，本节根据数据的可得性和中国的具体情况选择货币化率（FMG）、私人部门信贷占比（FPC）、信贷转化率（FCD）和信贷总额占比（FCG）四项指标代表金融发展水平。在四项指标中，FMG 和 FCG 可以代表金融规模，FPC 和 FCD 可以代表金融效率。选择外贸依存度（TOP）、制成品出口占比（TSZ）、资本密集品出口占比（TSM）、制成品贸易竞争力（TCZ）和资本密集品贸易竞争力（TCM）五项指标代表国际贸易发展水平。其中，TOP 代表贸易规模，TSZ 和 TSM 代表贸易结构，TCZ 和 TCM 代表贸易竞争力。具体指标解释如下：

1. 货币化率（FMG）

这个指标是指金融中介系统的流动性负债对 GDP 的比率，用来反映金融深化的程度。这一指标越高则货币在经济中的作用范围越大，经济的货币化程度越高，在一定程度上也代表了金融发展水平越高。在操作中一般选用 M3 或者 M2 来代表金融中介系统的流动性负债，因此这一指标也被称作货币化率。在我国只有 M2 可选，由于 M2/GDP 分母上的 GDP 是流量数据，所以把存量指标 M2 在前后两期做算术平均。

2. 私人部门信贷占比（FPC）

这个指标是指用于私人部门信贷占金融机构国内信贷总额之比，这是一个反映金融中介效率的指标。King 和 Levine（1993）认为私人部门信贷在配置效率和边际生产率上要比国有企业高，这一指标描述了金融中介分配到私人部门的贷款规模所占比重，所以这一指标越高代表金融中介效率越高从而金融发展水平越高。在我国，私人部门信贷的统计口径先是由农业贷款、城镇集体企业及个体工商户贷款两项组成；1994 年以后私人部门信贷由农业贷款、乡镇企业贷款、私营企业及个体贷款三项组成。2010 年集体控股小型企业、私人控股小型企业，以及农林牧渔业三项之和代表私人部门信贷。

3. 信贷转化率（FCD）

这个指标是指贷款总额对存款总额的比率，用以反映金融机构将存款转换为贷款的效率。这一指标越高表示金融效率越高，从而金融发展水平越高。本书所用信贷数据 1993 年以前为国家银行信贷，1994 年开始为金融机构信贷。

4. 信贷总额占比（总信贷占 GDP 比重）（FCG）

这个指标是指国内贷款总额对 GDP 的比率，用来反映整体金融发展水平。由于信贷可以将储蓄转化为投资促进经济发展，所以信贷量在 GDP 中所占比重越高代表金融规模越大，从而金融发展水平越高。

5. 外贸依存度（TOP）

这一指标是指进出口总额对 GDP 的比率，用来反映一国对外贸易在该国经济中的重要性。这一指标越高，代表该国越依赖国际贸易，在国民生产总值既定的条件下，也说明国际贸易规模越大。

6. 制成品出口占比（TSZ）

这一指标是指工业制成品出口额占该国总出口额的比重，用以反映一国的出口结构。工业制成品相对于初级产品更能代表一个国家的发展水平，所以这一指标越高代表贸易结构越合理，也说明国际贸易水平越高。

7. 资本密集品出口占比（TSM）

这一指标是指代表资本密集型的产品出口额占该国总出口额的比重，也是衡量贸易结构的一个指标。由于工业制成品涵盖的范围太广，所以用资本密集品作为反映出口贸易结构的进一步说明，这一指标越高代表贸易结构越合理。本书选用工业制成品中的化学品及有关产品和机械与运输设备两项加总之和代表资本密集型产品。

8. 制成品贸易竞争力（TCZ）

这一指标是指一国工业制成品进出口差额占工业制成品进出口总额的比重，即（出口额－进口额）/（出口额＋进口额），用来反映该国在工业制成品上的国际竞争力。这一指标越高，表示该国的工业品出口竞争力优势越明显，也说明国际贸易水平越高。

9. 资本密集品贸易竞争力（TCM）

这一指标是指一国资本密集型产品的净出口占总出口的比重，是 TCZ 指标的补充，用来反映资本密集型产品出口的国际竞争力，指标越高，竞争优势越明显，代表国际贸易水平越高。

（二）数据描述

1. 金融发展水平数据描述

改革开放以来，我国的金融发展取得了很大的进步。特别是 20 世纪 90 年代以后，随着市场化经济改革的不断深化，金融领域加快了发展步伐，越来越向着市场主导的方向行进。宏观上，在汇率和利率的形成机制中市场的作用不断加深，货币政策的运用越来越成熟稳健。中观层面，相比股票等资本市场，以银行为代表的金融中介在我国发挥着重要作用，间接融资仍是企业筹措资本的重要渠道。从表 5-1 可以看出，我国货币化程度在不断加深，1997 年开始货币的投放量（M2）已经超过 GDP。总信贷占 GDP 的比重从 1998 年开始也已超过 GDP。但是私人部门信贷占比 30 年来却没有提高，信贷转化率更是呈下降态势，这说明我国在金融效率方面还存在不足。

表 5-1　　　　　1980—2010 年中国金融指标变化情况

年份	货币化率（FMG）（%）	私人部门信贷占比（FPC）（%）	信贷转化率（FCD）（%）	总信贷占 GDP 比重（FCG）（%）
1980	39.75	10.53	145.33	53.11
1981	45.38	11.25	135.81	56.52
1982	49.23	10.86	134.21	59.75
1983	51.38	10.88	128.73	60.21
1984	53.37	13.92	132.99	66.12
1985	53.10	12.50	138.47	65.50
1986	58.00	13.12	141.76	73.87

第五章 金融发展与国际贸易关系的中国经验分析

续表

年份	货币化率（FMG）（%）	私人部门信贷占比（FPC）（%）	信贷转化率（FCD）（%）	总信贷占GDP比重（FCG）（%）
1987	62.49	13.68	138.60	74.91
1988	61.32	13.94	142.09	70.14
1989	64.88	12.92	137.67	73.03
1990	72.97	12.33	130.24	81.24
1991	79.52	11.97	121.39	82.84
1992	83.11	13.35	114.42	80.28
1993	85.30	11.16	113.91	74.89
1994	84.86	8.26	98.70	82.94
1995	88.56	8.42	93.80	83.14
1996	96.13	8.21	89.19	85.92
1997	105.79	11.66	90.93	94.86
1998	115.81	12.13	90.41	102.51
1999	125.11	12.30	86.17	104.52
2000	128.26	11.68	80.26	100.16
2001	133.56	11.61	78.20	102.43
2002	142.65	11.24	76.82	109.11
2003	149.54	11.03	76.42	117.06
2004	148.65	11.22	73.81	111.46
2005	149.47	11.10	67.80	105.27
2006	148.94	9.81	67.18	104.18
2007	140.90	9.95	67.21	98.45
2008	139.89	9.66	65.08	96.61
2009	158.61	9.45	66.87	117.24
2010	166.01	10.65	66.72	119.44

数据来源：历年《中国金融年鉴》。

观察图5-1，FMG和FCG大体呈现出一致的走势，FMG在20

世纪90年代中期开始明显加速,这也正是我国金融领域改革开始深化的时期。FCD代表的信贷转化率则由于存款规模的激增而处于不断下降的通道,造成这一现象的原因有三:一是随着经济发展,货币投放量不断加大,人们拥有的货币财富迅速增加;二是我国一向偏高的边际储蓄倾向使得人们选择把货币财富都存入金融中介;三是我国缺少有效的资本市场来分流存款,百姓的投资理财渠道太少。

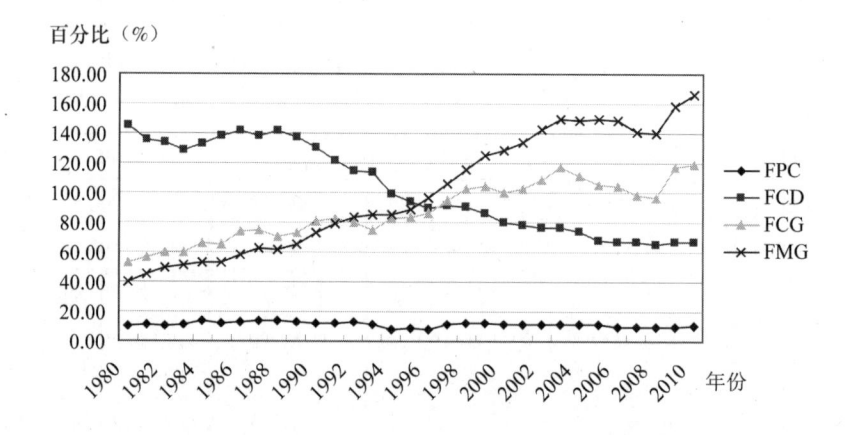

图5-1 1980—2010年中国金融指标变化情况

2. 国际贸易水平数据描述

我国的国际贸易总体发展水平较好,根据美国商务部和中国海关发布的贸易统计对比,我国在2012年的贸易总额已经和美国不相上下。反映贸易规模和贸易结构的诸多指标也都继续走高。截至2010年,我国的外贸依存度超50%,资本密集型产品出口超50%,制成品出口占比接近95%,制成品和资本密集型产品的竞争力分别达到0.22和0.11。

表 5-2　　　　1980—2010 年中国国际贸易指标变化情况

年份	外贸依存度（TOP）	制成品出口占比（TSZ）	资本密集品出口占比（TSM）	制成品出口竞争力（TCZ）	资本密集品竞争力（TCM）
1980	12.54	49.29	10.74	-0.18	-0.61
1981	15.03	53.43	11.04	-0.09	-0.55
1982	14.49	54.98	11.02	0.03	-0.43
1983	14.42	56.71	11.12	-0.11	-0.49
1984	16.66	54.34	10.93	-0.22	-0.60
1985	22.92	49.44	7.79	-0.46	-0.81
1986	25.11	63.57	9.14	-0.31	-0.76
1987	25.58	66.45	10.08	-0.16	-0.66
1988	25.41	69.68	11.92	-0.15	-0.64
1989	24.46	71.30	13.47	-0.12	-0.57
1990	29.78	74.42	15.01	0.03	-0.43
1991	33.17	77.46	15.25	0.03	-0.45
1992	33.87	79.98	20.68	0.00	-0.41
1993	31.90	81.84	21.70	-0.09	-0.47
1994	42.29	83.71	23.25	0.01	-0.39
1995	38.66	85.56	27.22	0.08	-0.27
1996	33.91	85.48	29.25	0.06	-0.25
1997	34.15	86.90	29.51	0.17	-0.14
1998	31.81	88.85	32.95	0.16	-0.12
1999	33.34	89.77	35.50	0.12	-0.15
2000	39.58	89.78	38.00	0.11	-0.13
2001	38.47	90.10	40.68	0.10	-0.12
2002	42.70	91.23	43.70	0.09	-0.11
2003	51.89	92.06	47.32	0.09	-0.08
2004	59.76	93.17	49.66	0.11	-0.04
2005	63.22	93.56	50.92	0.16	0.03
2006	65.17	94.53	51.69	0.21	0.06

续表

年份	外贸依存度（TOP）	制成品出口占比（TSZ）	资本密集品出口占比（TSM）	制成品出口竞争力（TCZ）	资本密集品竞争力（TCM）
2007	62.78	94.74	52.22	0.24	0.10
2008	57.29	94.55	52.61	0.27	0.15
2009	44.19	94.75	54.28	0.23	0.11
2010	50.28	94.82	55.00	0.22	0.11

数据来源：历年《中国统计年鉴》。

观察图5-2可以发现，5个贸易指标虽有波动但都处于上升的态势。工业制成品的出口占比已经基本稳定，资本密集型产品出口比例仍在不断提高。在商品的国际贸易竞争力上，制成品自20世纪90年代中期以来一直为正值，但向上趋势波动较大。资本密集品自2005年开始转为正值，处在稳定提高趋势中。

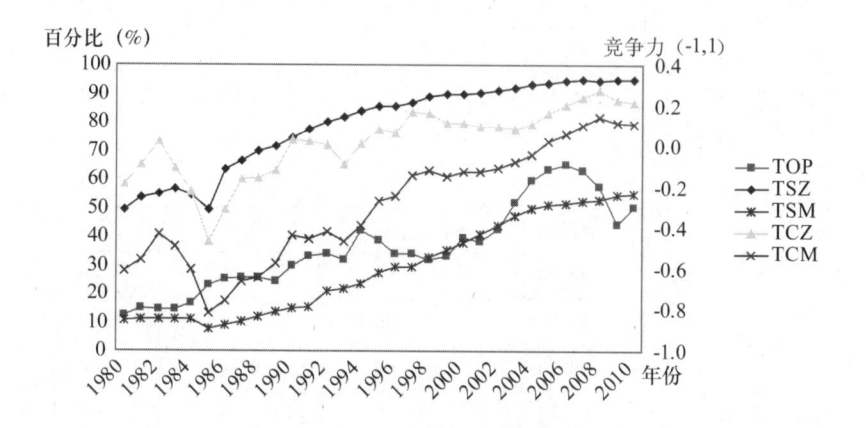

图5-2 1980—2010年中国国际贸易指标变化情况

二 基于年度数据的 VAR 检验

（一）指标分组

为了避免简单相似的重复，本书首先对两类指标进行相关性检验，并在此基础上结合指标代表的含义进行指标组合和分析。对金融指标和贸易指标各自相关性检验的结果分别见表 5-3 和表 5-4。

表 5-3　　　　　　　　金融指标相关性检验结果

	FMG	FCD	FCG	FPC
FMG	1.000	-0.963	0.970	-0.372
FCD	-0.963	1.000	-0.909	0.544
FCG	0.970	-0.909	1.000	-0.274
FPC	-0.372	0.544	-0.274	1.000

数据来源：根据有关文献资料整理。

表 5-4　　　　　　　　贸易指标相关性检验结果

	TOP	TSM	TSZ	TCZ	TCM
TOP	1.000	0.901	0.870	0.732	0.835
TSM	0.901	1.000	0.890	0.844	0.964
TSZ	0.870	0.890	1.000	0.855	0.882
TCZ	0.732	0.844	0.855	1.000	0.946
TCM	0.835	0.964	0.882	0.946	1.000

数据来源：根据有关文献资料整理。

从表 5-3 和表 5-4 的相关性结果看出：金融指标中 FPC 和 FCG 相关度最低，它们为一组（FPC，FCG），剩下 2 个指标为一组（FMG，FCD）。贸易指标中 TCZ 和 TCM 间的相关度达到了 0.946，而且两者都是描述贸易出口竞争力的指标，所以舍去 TCZ 保留 TCM。同理，TSZ 和 TSM 都是描述贸易结构的指标，也舍去一个 TSZ 保留 TSM。基于上述考虑最后保留的指标有 6 种组合，分别是 G1（TOP，FPC，FCG）；G2（TOP，FMG，FCD）；G3（TSM，FPC，FCG）；G4（TSM，FMG，FCD）；G5（TCM，FPC，FCG）和 G6（TCM，FMG，FCD）。

（二）数据平稳性检验

为了便于分析，对原数列进行对数化处理（TCM 指标除外，其取值有时为负数），这样做并不会改变原序列的性质。原指标记为 LNTOP，LNTSM，TCM，LNFMG，LNFPC，LNFCD 和 LNFCG。在检验变量协整关系之前，首先要进行数据的平稳性检验。

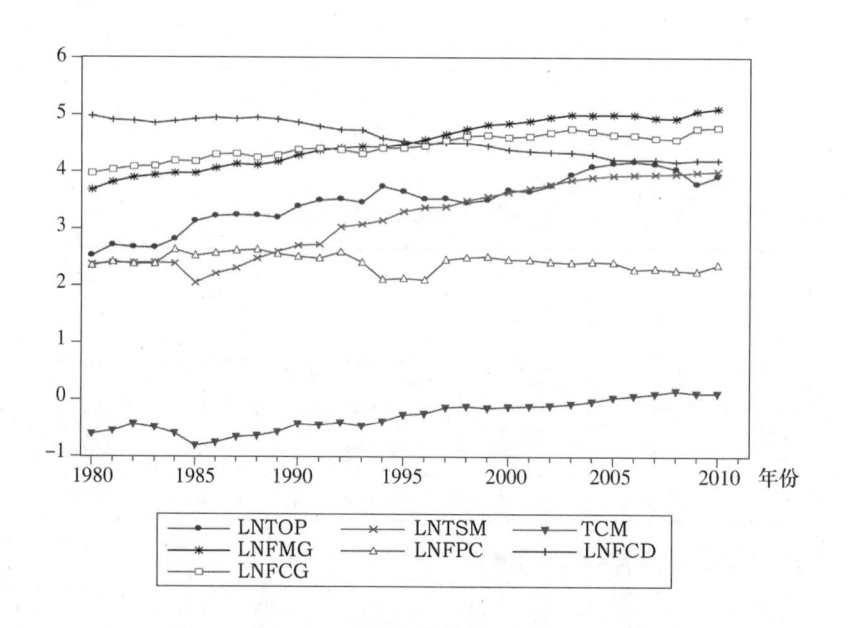

图 5-3 1980—2000 年各变量数据的时序图

最简单的方法是从图形来看数据的平稳性，如图 5-3 所示 7

个变量都表现出不平稳的趋势。但是如果数据本身不平稳,经过差分后同阶平稳,仍然可以进行协整分析。所以下面用单位根检验的方法来看上述指标是否是同阶单整的。

此处采用 ADF 方法对上述各变量的时间序列进行平稳性检验,从带有截距和趋势项开始,根据检验结果中代表趋势项和常数项的 t 统计量大小决定选用哪种检验方法,滞后期的选择则参照 AIC 和 SC 准则来判断。结果如下:

表 5-5　　　　　各变量及其一阶差分的 ADF 检验

变量	(C, T, K)	ADF 统计值	1% 临界值	平稳性
LNTOP	(C, T, 0)	-1.960722	-4.296729	非平稳
LNTSM	(C, T, 0)	-1.829741	-4.296729	非平稳
TCM	(C, T, 0)	-2.175989	-4.296729	非平稳
LNFMG	(C, 0, 2)	-1.550952	-3.689194	非平稳
LNFPC,,	(C, 0, 0)	-2.294905	-3.670170	非平稳
LNFCD	(C, T, 1)	-2.349809	-4.309824	非平稳
LNFCG	(C, T, 0)	-2.713244	-4.296729	非平稳
DLNTOP	(0, 0, 0)	-4.420569	-2.647120	平稳
DLNTSM	(0, 0, 0)	-4.035791	-2.647120	平稳
DTCM	(0, 0, 0)	-3.961723	-2.647120	平稳
DLNFMG	(C, 0, 0)	-4.022006	-3.679322	平稳
DLNFPC	(0, 0, 0)	-5.220408	-2.647120	平稳
DLNFCD	(0, 0, 0)	-3.512661	-2.647120	平稳
DLNFCG	(0, 0, 0)	-5.244801	-3.679322	平稳

注:括号中的(C, T, K)分别代表常数项、时间趋势和滞后期,为 0 则表示不含该项。指标前加 D 表示对原序列进行一阶差分。

数据来源:根据有关文献资料整理。

从结果可以看出,各指标原序列都没有通过平稳性检验,但是一阶差分后7个变量均为1阶单整I（1）。

（三）协整检验

基于前面的分析，各变量之间可能存在协整关系。由于协整分析对滞后期长度的选择很敏感，所以在协整之前先来确定一下VAR模型的最优滞后期。依据的是AIC和SC，不一致时用LR统计量来判断。检验结果见表5-6。

表5-6　　　　　各组VAR模型最优滞后期选择结果

变量	G1（LNTOP, LNFPC, LNFCG）	G2（LNTOP, LNFMG, LNFCD）	G3（LNTSM, LNFPC, LNFCG）
最优滞后期	1	5	2
变量	G4（LNTSM, LNFMG, LNFCD）	G5（TCM, LNFPC, LNFCG）	G6（TCM, LNFMG, LNFCD）
最优滞后期	5	4	5

数据来源：根据有关文献资料整理。

对各分组变量间是否存在协整关系的检验结果见表5-7。

表5-7　　　　　　Johansen协整检验结果

变量	原假设（协整方程个数）	特征根	迹统计量（P值）	最大特征值统计量（P值）
G1（LNTOP, LNFPC, LNFCG）	0个	0.514772	31.50853（0.0052）	21.69409（0.0123）
	至多1个	0.251650	9.814438（0.1269）	8.696536（0.1346）
	至多2个	0.036578	1.117902（0.3381）	1.117902（0.3381）
G2（LNTOP, LNFMG, LNFCD）	0个	0.712124	70.32902（0.0000）	32.37589（0.0014）
	至多1个	0.687057	37.95313（0.0001）	30.20508（0.0002）
	至多2个	0.257700	7.748047（0.0922）	7.748047（0.0922）

续表

变量	原假设（协整方程个数）	特征根	迹统计量（P值）	最大特征值统计量（P值）
G3（LNTSM, LNFPC, LNFCG）	0个	0.527090	33.16478（0.0197）	21.71667（0.0414）
	至多1个	0.308261	11.44811（0.1854）	10.68784（0.1706）
	至多2个	0.025875	0.760265（0.3832）	0.760265（0.3832）
G4（LNTSM, LNFMG, LNFCD）	0个	0.832587	82.09096（0.0000）	46.4695（0.0000）
	至多1个	0.614867	35.62143（0.0002）	24.8083（0.0015）
	至多2个	0.340246	10.81309（0.0241）	10.8131（0.0241）
G5（TCM, LNFPC, LNFCG）	0个	0.806409	69.16739（0.0000）	44.33421（0.0000）
	至多1个	0.431134	24.83317（0.0109）	15.23099（0.0633）
	至多2个	0.299273	9.602183（0.0413）	9.602183（0.0413）
G6（TCM, LNFMG, LNFCD）	0个	0.789538	67.33643（0.0000）	22.29962（0.0001）
	至多1个	0.493216	26.81673（0.0054）	15.8921（0.0260）
	至多2个	0.296539	9.145325（0.0504）	9.164546（0.0504）

数据来源：根据有关文献资料整理。

从表5-7可见，每一组均有稳定的协整关系存在，现将各组协整方程列在表5-8中，协整方程括号里为标准差。

表5-8　　　　　　　**各分组变量的协整方程**

分组变量	协整方程
G1（LNTOP, LNFPC, LNFCG）	LNTOP = -0.939651LNFPC + 1.326702 LNFCG 　　　　（0.22212）　　（0.12122）
G2（LNTOP, LNFMG, LNFCD）	LNTOP = -0.048253 + 0.148494　LNFCD + 0.705784　LNFMG 　　　（2.70347）　　（0.36368）　　　（0.23727）
G3（LNTSM, LNFPC, LNFCG）	LNTSM = 2.708843　LNFCG - 1.387428　LNFPC 　　　　　（0.15847）　　　（0.25233）

135

续表

分组变量	协整方程
G4（LNTSM, LNFMG, LNFCD）	LNTSM = 8.493170 - 1.629019 LNFCD + 0.457962 LNFMG (0.56002)　　(0.07345)　　　(0.04989)
G5（TCM, LNFPC, LNFCG）	TCM = -4.274181 + 1.169880 LNFCG - 0.484171 LNFPC (0.35156)　　(0.04708)　　　(0.08375)
G6（TCM, LNFMG, LNFCD）	TCM = 3.238665 + 0.074862 LNFMG - 0.842040 LNFCD (0.60617)　　(0.05433)　　　(0.07973)

数据来源：根据有关文献资料整理。

观察表 5-8 中各组协整方程，主要结论如下：

在 G1 组中，对于外贸依存度 LNTOP，私人部门信贷占比 LNFPC 系数为 -0.94，信贷总额占比 LNFCG 系数为 1.33，可理解为金融效率指标对贸易规模没有表现出正向的促进作用，而金融规模则对贸易规模有明显带动作用。信贷总额占比每增加 1 个百分点，外贸依存度提高 1.33 个百分点。

在 G2 组中，对于外贸依存度 LNTOP，信贷转化率 LNFCD 系数为 0.15（但统计上不显著），货币化率 LNFMG 系数 0.7（统计上显著），同样看出金融效率指标对贸易规模没有表现出正向的促进作用，而金融规模则对贸易规模则有促进作用。表现为货币化率每增加 1 个百分点，外贸依存度提高 0.7 个百分点。

在 G3 组中，对于外贸出口结构 LNTSM，私人部门信贷占比 LNFPC 系数为 -1.39，信贷总额占比 LNFCG 系数为 2.71，也说明金融效率指标对贸易结构提升没有表现出正向的促进作用，而金融规模则对贸易结构提升有明显带动作用。信贷总额占比每增加 1 个百分点，贸易结构提高 2.71 个百分点。

在 G4 组中，对于外贸出口结构 LNTSM，信贷转化率 LNFCD 系

数为 -1.62，货币化率 LNFMG 系数 0.46，同样说明金融效率指标对贸易结构提升没有起到促进作用，而金融规模则对贸易结构提升有促进作用。表现为货币化率每增加 1 个百分点，外贸结构提高 0.46 个百分点。

在 G5 组中，对于贸易竞争力 TCM，私人部门信贷占比 LNFPC 系数为 -0.48，信贷总额占比 LNFCG 系数为 1.17，说明金融效率指标对贸易竞争力提升没有表现出促进作用，而金融规模则对贸易竞争力提升有明显促进作用。信贷总额占比每增加 1 个百分点，贸易竞争力提高 1.17 个百分点。

在 G6 组中，对于贸易竞争力 TCM，信贷转化率 LNFCD 系数为 -0.84，货币化率 LNFMG 系数 0.07，同样说明金融效率指标对贸易竞争力提升没有起到促进作用，而金融规模则对贸易竞争力提升有微弱促进作用。货币化率每增加 1 个百分点，贸易竞争力提高 0.07 个百分点。

（四）误差修正模型

时间序列中各变量间的短期关系可用误差修正模型来实现。对于上面的 VAR（N）模型，此处 VEC 滞后期选择 N-1，截距项和趋势项选择仍和前面一样。

G1（TOP，FPC，FCG）因其无约束的 VAR 模型只滞后 1 期，为 VAR（1）形式，所以代表含有协整约束的 VEC 模型没有滞后项，也就没有动态特征了。G2 到 G6 的误差修正结果用矩阵的形式列在下面：

G2（TOP，FCD，FMG）

$$DLY_t = \begin{bmatrix} 0.04 & 2.14 & 2.02 \\ 0.21 & 0.08 & -0.53 \\ 0.15 & -0.73 & 0.01 \end{bmatrix} \times DLY_{t-1}$$

$$+\begin{bmatrix} -0.26 & 0.33 & 0.23 \\ -0.11 & -0.43 & -0.57 \\ 0.05 & -0.03 & -1.09 \end{bmatrix} \times DLY_{t-2}$$

$$+\begin{bmatrix} -0.15 & -0.43 & 0.91 \\ 0.19 & 0.15 & -0.30 \\ -0.01 & -0.32 & 0.13 \end{bmatrix} \times DLY_{t-3}$$

$$+\begin{bmatrix} 0.06 & 1.19 & 2.60 \\ -0.13 & -0.10 & -0.84 \\ -0.02 & -0.15 & -1.05 \end{bmatrix} \times DLY_{t-4}$$

$$+\begin{bmatrix} 0.44 \\ -0.23 \\ -0.34 \end{bmatrix} \times vecm$$

其中，$LY_t = (LNTOP \quad LNFCD \quad LNFMG)'$ $vecm_t = (1 - 0.15 - 0.71) \times LY_t + 0.05$

$R^2 = 0.70, \bar{R}^2 = 0.43, S.E. = 0.10, F = 2.57$

从 G2 组的结果来看，以 DLNTOP 为解释标量的 VEC 方程中，误差修正系数为 0.44，是正向修正机制。信贷转化率 LNFCD 在滞后 1 到 4 期的系数分别为 2.14，0.33，-0.43 和 1.19，时滞效应 1、4 期为正且较显著，2、3 期一正一负且不显著。货币化率 LNFMG 在滞后 1 到 4 期的系数分别为 2.02，0.23，0.91 和 2.06，除第 2 期外，对外贸依存度存在较明显的促进作用；以 DLNFCD 为解释标量的 VEC 方程中，误差修正系数为 -0.23，是反向修正机制。贸易依存度 LNTOP 在滞后 1 到 4 期的系数分别为 0.21，-0.11，0.19 和 -0.13，时滞效应 1、3 期为正，2、4 期为负，但都不明显。以 DLNFMG 为解释标量的 VEC 方程中，误差修正系数为 -0.34，是反向修正机制。贸易依存度 LNTOP 在滞后 1 到 4 期的系

第五章 金融发展与国际贸易关系的中国经验分析

数分别为 0.15, 0.05, -0.01 和 -0.02, 时滞效应 1、2 期为正, 3、4 期为负,影响也不显著。以下各组分析相同,不再简单重复。

G3 (TSM, FPC, FCG)

$$DLY_t = \begin{bmatrix} 0.11 & -0.72 & -0.11 \\ -0.21 & 0.19 & -0.10 \\ -0.24 & 0.13 & 0.14 \end{bmatrix} \times DLY_{t-1} + \begin{bmatrix} -0.33 \\ 0.10 \\ -0.28 \end{bmatrix} \times vecm + \begin{bmatrix} 0.07 \\ 0.03 \\ 0.01 \end{bmatrix}$$

其中,$LY_t = (LNTSM \quad LNFCG \quad LNFPC)'$ $vecm_t = (1 - 2.711.38) \times LY_t + 5.53$

$R^2 = 0.43, \bar{R}^2 = 0.33, S.E. = 0.08, F = 4.52$

G4 (TSM, FMG, FCD)

$$DLY_t = \begin{bmatrix} 2.18 & 1.76 & -0.13 \\ 0.35 & 0.32 & -0.01 \\ 0.43 & 0.44 & 0.79 \end{bmatrix} \times DLY_{t-1}$$

$$+ \begin{bmatrix} 2.03 & 1.68 & 0.29 \\ 0.18 & -0.07 & -0.15 \\ 0.49 & 0.40 & -0.78 \end{bmatrix} \times DLY_{t-2}$$

$$+ \begin{bmatrix} 1.41 & 0.19 & 0.91 \\ 0.07 & -0.22 & -0.03 \\ 0.43 & -0.13 & 0.73 \end{bmatrix} \times DLY_{t-3}$$

$$+ \begin{bmatrix} 0.85 & -0.37 & -0.74 \\ -0.05 & -0.14 & -0.02 \\ 0.08 & -0.25 & -0.20 \end{bmatrix} \times DLY_{t-4} + \begin{bmatrix} -3.13 \\ -0.61 \\ -0.72 \end{bmatrix} \times vecm$$

其中,$LY_t = (LNTSM \quad LNFCD \quad LNFMG)'$

$$vecm_t = (1 \quad 1.63 \quad -0.46) \times LY_t - 8.50$$

$$R^2 = 0.57, \bar{R}^2 = 0.18, S.E. = 0.10, F = 1.45$$

G5 (TCM, FPC, FCG)

$$DLY_t = \begin{bmatrix} 0.20 & -0.63 & 0.07 \\ -0.07 & 0.32 & -0.12 \\ -0.36 & 1.33 & -0.37 \end{bmatrix} \times DLY_{t-1}$$

$$+ \begin{bmatrix} 0.25 & -0.65 & 0.10 \\ 0.06 & -0.23 & 0.10 \\ 0.25 & 0.51 & -0.29 \end{bmatrix} \times DLY_{t-2}$$

$$+ \begin{bmatrix} 0.06 & -0.32 & 0.12 \\ 0.05 & 0.21 & -0.19 \\ -0.42 & 0.88 & -0.31 \end{bmatrix} \times DLY_{t-3} + \begin{bmatrix} -0.66 \\ 0.04 \\ 0.49 \end{bmatrix} \times vecm$$

其中, $LY_t = (TCM \quad LNFCG \quad LNFPC)'$

$$vecm_t = (1 \quad -1.17 \quad 0.48) \times LY_t + 4.27$$

$$R^2 = 0.75, \bar{R}^2 = 0.62, S.E. = 0.04, F = 5.67$$

G6 (TCM, FMG, FCD)

$$DLY_t = \begin{bmatrix} 1.02 & 0.27 & 0.39 \\ 0.24 & 0.76 & 0.06 \\ -0.15 & -0.03 & 0.07 \end{bmatrix} \times DLY_{t-1}$$

$$+ \begin{bmatrix} 0.79 & -0.41 & 0.90 \\ 0.33 & -0.67 & 0.39 \\ -0.28 & 0.08 & -0.16 \end{bmatrix} \times DLY_{t-2}$$

$$+ \begin{bmatrix} 0.58 & 0.24 & 0.06 \\ 0.15 & 0.61 & -0.04 \\ 0.03 & -0.43 & -0.15 \end{bmatrix} \times DLY_{t-3}$$

$$+ \begin{bmatrix} 0.51 & -0.60 & 0.44 \\ 0.19 & -0.29 & -0.11 \\ -0.20 & 0.03 & 0.04 \end{bmatrix} \times DLY_{t-4} + \begin{bmatrix} -1.87 \\ -0.49 \\ 0.17 \end{bmatrix} \times vecm$$

其中，$LY_t = (TCM \quad LNFMG \quad LNFCD)' vecm_t = (1 \quad -0.07 \quad 0.84) \times LY_t - 3.24$

$R^2 = 0.73, \bar{R}^2 = 0.47, S.E. = 0.05, F = 2.87$

（五）格兰杰因果关系检验

虽然格兰杰因果关系检验的结论是统计意义上的因果性，但是实际中统计上的因果关系也是有参考价值的。表5-9是各组变量间格兰杰检验结果。

从格兰杰因果检验结果来看支持以下结论：第一，所有金融规模指标（FMG 和 FCG）都是所有贸易指标（TOP、TSM、TCM）的格兰杰原因；第二，所有金融效率指标（FCD 和 FPC）都不是贸易规模 TOP 和贸易结构 TSM 的格兰杰原因，但是贸易竞争力 TCM 的格兰杰原因；第三，贸易规模 TOP 对金融效率和金融规模部分构成格兰杰原因（FPC 和 FMG 是，FCD 和 FCG 不是）；第四，贸易结构 TSM 对金融效率和金融规模部分构成格兰杰原因（FPC 和 FMG 不是，FCD 和 FCG 是）；第五，贸易竞争力 TCM 不构成任何金融指标的格兰杰原因。

（六）脉冲响应分析

脉冲响应可以观察当前冲击对系统的动态影响。纵轴代表变量增长率的变化，横轴代表响应期数。这里设为50期，以作长期追踪观察。

表5-9　　　　　　　　　　格兰杰因果检验结果

	零假设	F统计量	P值	结论
LNTOP	LNFPC does not Granger Cause LNTOP	2.13679	0.1553	接受
	LNTOP does not Granger Cause LNFPC	3.41826	0.0755	拒绝
	LNFCG does not Granger Cause LNTOP	6.60131	0.0160	拒绝
	LNTOP does not Granger Cause LNFCG	0.01849	0.8928	接受
	LNFCD does not Granger Cause LNTOP	0.59699	0.7030	接受
	LNTOP does not Granger Cause LNFCD	1.24402	0.3375	接受
	LNFMG does not Granger Cause LNTOP	3.26536	0.0342	拒绝
	LNTOP does not Granger Cause LNFMG	2.68639	0.0630	拒绝
LNTSM	LNFCG does not Granger Cause LNTSM	3.64585	0.0414	拒绝
	LNTSM does not Granger Cause LNFCG	2.93976	0.0721	拒绝
	LNFPC does not Granger Cause LNTSM	2.32183	0.1197	接受
	LNTSM does not Granger Cause LNFPC	1.98740	0.1590	接受
	LNFCD does not Granger Cause LNTSM	0.64261	0.6711	接受
	LNTSM does not Granger Cause LNFCD	5.58521	0.0042	拒绝
	LNFMG does not Granger Cause LNTSM	5.45413	0.0047	拒绝
	LNTSM does not Granger Cause LNFMG	1.27255	0.3262	接受
TCM	LNFCG does not Granger Cause TCM	3.10380	0.0416	拒绝
	TCM does not Granger Cause LNFCG	0.83803	0.5188	接受
	LNFPC does not Granger Cause TCM	2.60513	0.0705	拒绝
	TCM does not Granger Cause LNFPC	1.28353	0.3133	接受
	LNFMG does not Granger Cause TCM	4.90625	0.0074	拒绝
	TCM does not Granger Cause LNFMG	0.24836	0.9342	接受
	LNFCD does not Granger Cause TCM	3.21471	0.0360	拒绝
	TCM does not Granger Cause LNFCD	0.42885	0.8215	接受

数据来源：根据有关文献资料整理。

G1 （TOP，FPC，FCG）

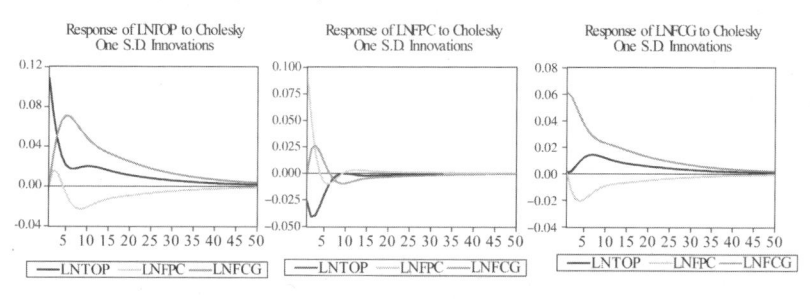

图 5-4　（TOP，FPC，FCG）脉冲响应结果

从 G1 整体看，整个系统对冲击的反应是稳定的。例如，对于 LNTOP 一个标准差的冲击，3 个变量都有明显的反应，在 10 期以后影响都开始减弱收敛，最终回到稳定的长期均衡状态。具体而言，金融规模变量 LNFCG 在前 6 期稳定增长，达到最高点后开始逐期下降。金融效率 LNFPC 在一开始上升后迅速下降在第 8 期达到最低，然后逐步回归稳定；对于 LNFPC 在本期的一个正向冲击，LNTOP 受到的负向影响在第 3 期开始减弱，直至回归稳定；对于 LNFCG 在本期的一个正向冲击，LNTOP 受到的正向影响在前 7 期逐渐加大，之后逐渐回落至长期均衡状态。以下各组的分析基本相同，不再做简单重复。

G2（TOP，FMG，FCD）

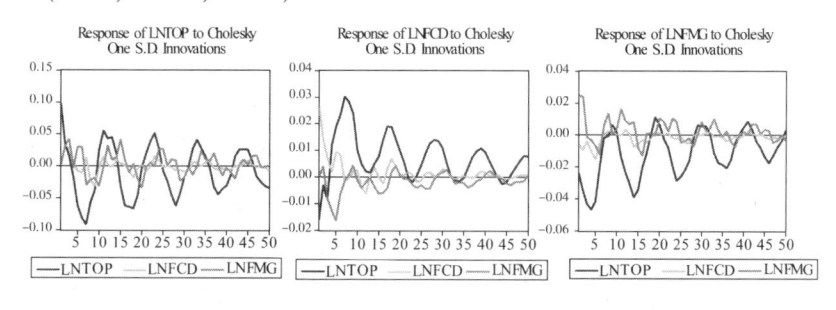

图 5-5　（TOP，FMG，FCD）脉冲响应结果

G3 (TSM, FPC, FCG)

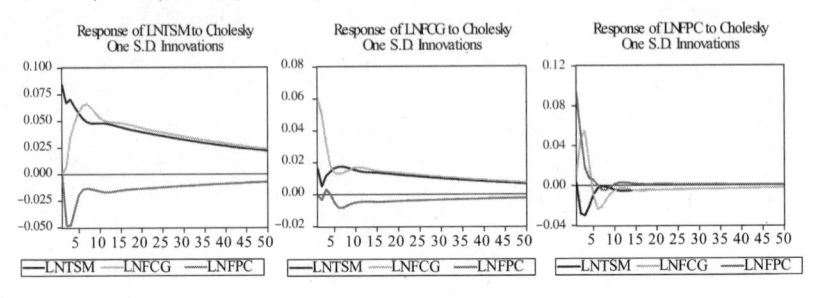

图 5-6　(TSM, FPC, FCG) 脉冲响应结果

G4 (TSM, FMG, FCD)

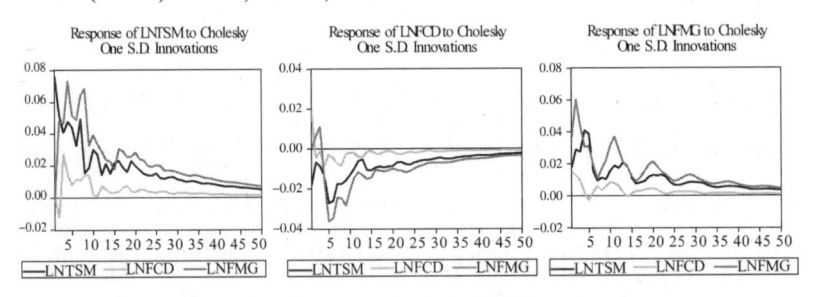

图 5-7　(TSM, FMG, FCD) 脉冲响应结果

G5 (TCM, FPC, FCG)

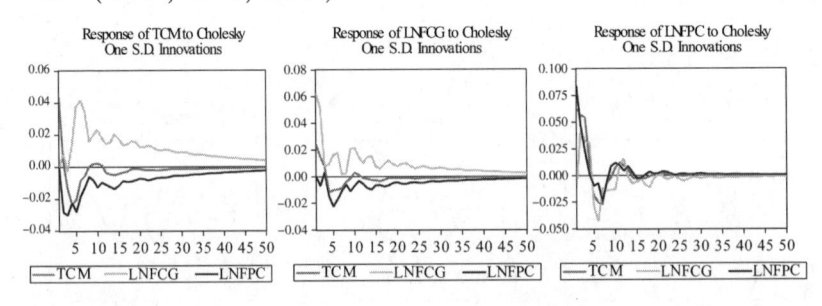

图 5-8　(TCM, FPC, FCG) 脉冲响应结果

第五章　金融发展与国际贸易关系的中国经验分析

G6（TCM，FMG，FCD）

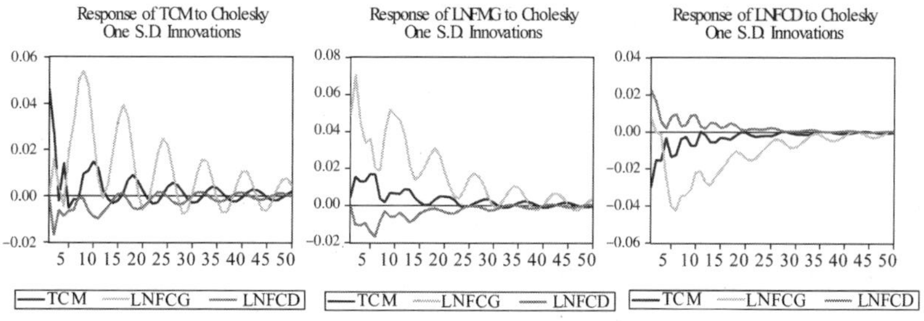

图 5-9　（TCM，FMG，FCD）脉冲响应结果

（七）小结

年度时间序列的检验结果表明

1. 金融规模和金融效率指标对于国际贸易的影响具有显著的不同：金融规模对于国际贸易的影响不仅得到格兰杰因果关系的支持，而且具有显著的促进作用。金融规模和国际贸易各指标（规模、结构、竞争力）之间都存在长期稳定的均衡关系。即使短期内受到冲击，也会较快回归均衡状态；金融效率指标对国际贸易（除贸易竞争力外）的影响得不到格兰杰因果关系支持，从长期的协整关系看，金融效率对于国际贸易的影响要么为负，要么并不显著，这也说明金融效率在促进国际贸易发展方面作用的缺失。

2. 国际贸易指标中贸易规模和贸易结构对金融发展的影响得到格兰杰因果关系检验的部分支持，这与金融发展指标的选取有关。具体而言，贸易规模对货币化率表示的金融规模有促进作用，对私人部门信贷占比代表的金融效率有负面影响。贸易结构对总信贷占比代表的金融规模有促进作用，对信贷转化率代表的金融效率有负面影响。总的来说，国际贸易发展对金融规模提高有促进作用，但对于金融效率的提高作用没有显现出来。

三 基于季度数据的 VAR 检验

我国的改革开放是从 1978 年开始的，所以上文中 1980 年到 2010 年 31 年的年度数据能够较好地反映我国金融发展和国际贸易整个历程。但是我国自 20 世纪 90 年代开始加快市场经济体制改革，经济领域中出现了很多新的变化，所以接下来本书选用 1997 年第一季度到 2011 年第四季度的数据做进一步分析。选用在年度数据中经格兰杰检验表明互为因果关系的外贸依存度（TOP）和货币化率（FMG）分别代表贸易和金融发展水平。当然，这样做也是出于季度数据可得性的考虑。再加入存款货币银行资产占比（FBAK，相对于代表宏观金融深度的 FMG，FBAK 更能反映中观金融效率）这一新指标共同构建 VAR 模型。

（一）指标解释和数据描述

1. 存款货币银行资产占比（FBAK）

这个指标是指存款货币银行资产占它与央行资产之和的比重，用来反映金融中介的效率。按照 King 和 Levine（1993）的说法，存款货币银行在相对于中央银行能提供更好的金融服务，所以这个指标越高表示金融发展水平越高。我国在机构分类上，将金融性公司划分为存款性公司和其他金融性公司；存款性公司划分为货币当局和其他存款性公司。在具体数据处理上把其他存款性公司和货币当局资产负债表上的"对政府债权""对其他存款性公司债权""对其他金融性公司债权"和"对非金融性公司债权"四项加总分别代表存款货币银行国内资产和中央银行国内资产[①]（在统计口径上我国于 2002 年和 2006 年做了较大调整，具体归类

---

① 谈儒勇：《中国金融发展和经济增长关系的实证研究》，《经济研究》1999 年第 10 期。

调整方法参见附录)。

2. 数据描述

由于季度数据带有明显的季度波动,需要先进行处理再用于分析研究。图 5-10 各变量和表 5-10 中(S)变量对原始季节数据做了 4 个季度移动平均的移正平均。

表 5-10　　1997—2010 年 TOP、FMG、FBAK 季度变化情况

季度	TOP	FMG	FBAK	TOP (S)	FMG (S)	FBAK (S)
1997Q1	32.80	479.75	78.96	—	—	—
1997Q2	18.80	232.70	79.62	—	—	—
1997Q3	12.79	155.89	80.36	18.67	250.47	80.05
1997Q4	10.25	111.99	80.36	18.59	258.11	80.52
1998Q1	32.89	522.85	80.75	18.37	261.99	81.29
1998Q2	18.09	250.75	81.61	18.08	264.73	82.19
1998Q3	11.73	168.81	84.48	17.68	271.33	83.02
1998Q4	8.97	121.02	83.46	17.48	280.19	83.88
1999Q1	30.98	566.63	84.29	17.68	285.52	84.34
1999Q2	18.36	277.84	84.93	17.95	288.71	84.31
1999Q3	13.05	184.36	84.87	19.10	292.54	84.20
1999Q4	9.80	131.01	82.84	20.66	295.99	84.00
2000Q1	39.39	587.26	83.99	21.49	297.42	83.66
2000Q2	22.41	284.83	83.65	21.94	298.29	83.47
2000Q3	15.66	188.79	83.47	22.19	298.54	83.44
2000Q4	10.76	133.59	82.72	22.22	299.44	83.44
2001Q1	40.45	586.61	83.89	22.00	301.52	83.49
2001Q2	21.58	292.70	83.71	21.81	303.60	83.71
2001Q3	14.79	197.60	83.85	21.64	310.65	84.18
2001Q4	10.07	141.41	84.09	21.75	319.23	84.87

续表

季度	TOP	FMG	FBAK	TOP (S)	FMG (S)	FBAK (S)
2002Q1	39.82	635.19	86.24	22.26	323.12	85.72
2002Q2	23.07	312.77	86.92	22.84	325.63	86.60
2002Q3	17.40	208.64	87.40	24.35	329.53	87.30
2002Q4	12.09	150.41	87.58	26.21	334.91	87.85
2003Q1	49.83	657.43	88.38	27.21	339.46	88.34
2003Q2	28.00	333.56	89.15	27.94	342.60	88.82
2003Q3	20.43	224.19	89.12	29.50	346.32	89.32
2003Q4	14.95	160.06	89.70	31.37	348.87	89.64
2004Q1	59.43	677.54	90.26	32.35	348.29	89.84
2004Q2	33.31	333.84	89.78	32.91	347.09	90.06
2004Q3	22.96	219.24	90.13	33.53	344.55	90.29
2004Q4	16.90	155.42	90.48	34.17	342.09	90.45
2005Q1	62.49	661.85	91.25	34.59	341.98	90.45
2005Q2	35.36	329.85	90.09	34.81	342.75	90.32
2005Q3	24.25	222.34	89.87	35.29	344.43	90.05
2005Q4	17.38	158.48	89.64	35.75	345.97	89.95
2006Q1	65.86	672.22	89.97	35.96	346.19	90.10
2006Q2	35.64	331.79	90.59	36.17	345.92	90.26
2006Q3	25.68	222.14	90.52	36.06	342.67	90.39
2006Q4	17.65	156.59	90.29	35.77	338.15	90.47
2007Q1	64.69	648.06	90.33	35.49	335.63	90.58
2007Q2	34.45	319.80	90.86	35.24	333.77	90.62
2007Q3	24.64	214.03	91.18	34.66	329.85	90.61
2007Q4	16.73	149.83	89.95	33.97	325.34	90.65
2008Q1	60.99	623.45	90.58	33.54	322.96	90.64
2008Q2	32.62	308.30	90.91	32.87	321.75	90.80
2008Q3	23.04	206.44	91.07	30.02	333.59	91.20
2008Q4	12.94	147.76	91.37	26.55	353.53	91.69

第五章　金融发展与国际贸易关系的中国经验分析

续表

季度	TOP	FMG	FBAK	TOP（S）	FMG（S）	FBAK（S）
2009Q1	41.96	720.31	92.31	24.83	366.75	92.23
2009Q2	23.88	370.96	93.08	24.22	375.51	92.79
2009Q3	18.05	249.53	93.27	25.37	383.89	93.25
2009Q4	13.00	174.78	93.60	27.11	389.83	93.56
2010Q1	51.10	760.27	93.83	27.92	391.00	93.79
2010Q2	28.73	378.51	94.00	28.20	391.52	94.01
2010Q3	19.66	251.33	94.22	28.67	392.29	94.21
2010Q4	13.65	177.12	94.37	29.02	392.20	94.43
2011Q1	54.21	764.14	94.69	28.94	390.73	94.64
2011Q2	28.42	373.94	94.91	28.81	389.35	94.85
2011Q3	19.33	244.11	94.99	—	—	—
2011Q4	12.92	173.30	95.25	—	—	—

数据来源：海关总署统计数据、《中国金融年鉴》《中国人民银行统计季报》。

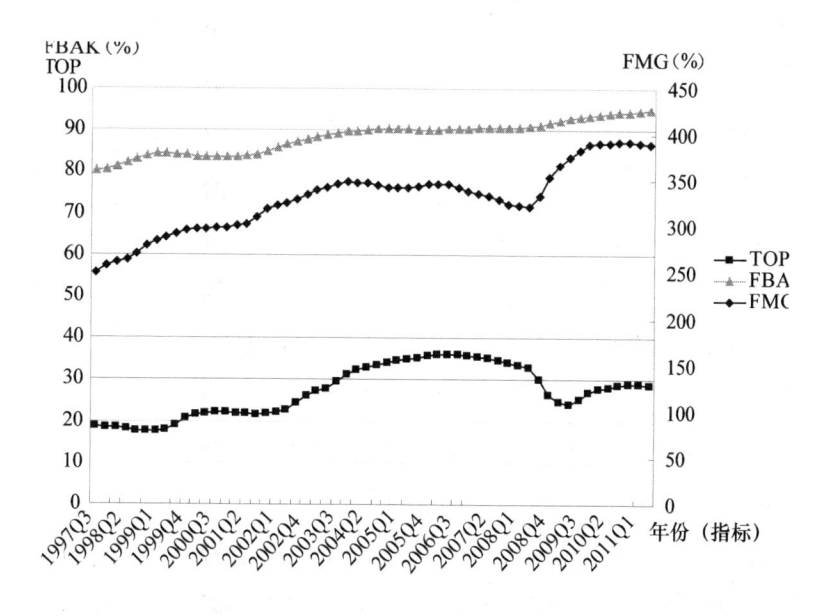

图 5-10　1997—2010 年 TOP、FMG、FBAK 指标季度变化情况

（二）数据平稳性检验

先对 TOP、FMG 和 FBAK 三个序列进行 CENSUS X12 季节调整，然后对新序列做对数化处理，最终得到 LNTOP_SA、LNFMG_SA 和 LNFBAK_SA 三个指标变量。

下面用单位根检验的方法来看时间序列的平稳性，用 ADF 方法从带有截距和趋势项开始，根据检验结果中趋势项和常数项的 t 统计量大小决定具体选用哪种检验方法，滞后期的选择则参照 AIC 和 SC 准则来判断。结果如下：

表 5-11　　　　各变量及其一阶差分的 ADF 平稳性检验

变量	(C, T, K)	ADF 统计值	1% 临界值	平稳性
LNTOP - SA	(0, 0, 1)	0.566569	-2.605442	非平稳
LNFMG - SA	(C, T, 1)	-2.602992	-4.124265	非平稳
LNFBAK - SA	(C, T, 1)	-2.633462	-4.124265	非平稳
DLNTOP - SA	(0, 0, 0)	-5.78566	-4.12427	平稳
DLNFMG - SA	(C, 0, 0)	-5.116525	-3.548208	平稳
DLNFBAK - SA	(C, 0, 0)	-6.293648	-3.548208	平稳

数据来源：根据有关文献资料整理。

经检验 LNTOP_SA、LNFMG_SA 和 LNFBAK_SA 都是一阶单整。

（三）VAR 模型最优滞后期判断

先依据各判断指标选择恰当的滞后长度，以避免虚协整的情况。从表 5-12 可以看出，AIC 标准判断滞后期为 4，虽然 SC 的判断为 1，但 LR 和 FPE 都判断滞后期为 4，因此本书选择 VAR（4）模型。

表 5-12　　　　　　　VAR 模型最优滞后期判断结果

滞后期	LogL	LR	FPE	AIC	SC	HQ
0	213.5105	NA	9.51E-08	-7.654928	-7.545437	-7.612587
1	448.6963	436.1627	2.55E-11	-15.87987	-15.44190*	-15.71050*
2	460.5847	20.75062	2.3E-11	-15.9849	-15.21846	-15.68851
3	469.3603	14.36015	2.34E-11	-15.97674	-14.88183	-15.55333
4	484.4966	23.11717*	1.90e-11*	-16.19988*	-14.77649	-15.64944
5	492.9108	11.93298	1.99E-11	-16.17858	-14.42672	-15.50112

对 VAR（4）的稳定性判断可通过图 5-11，发现全部特征根倒数都落在单位圆内，证明模型稳定，K=4 最终被确认为 VAR 模型的最优滞后期。

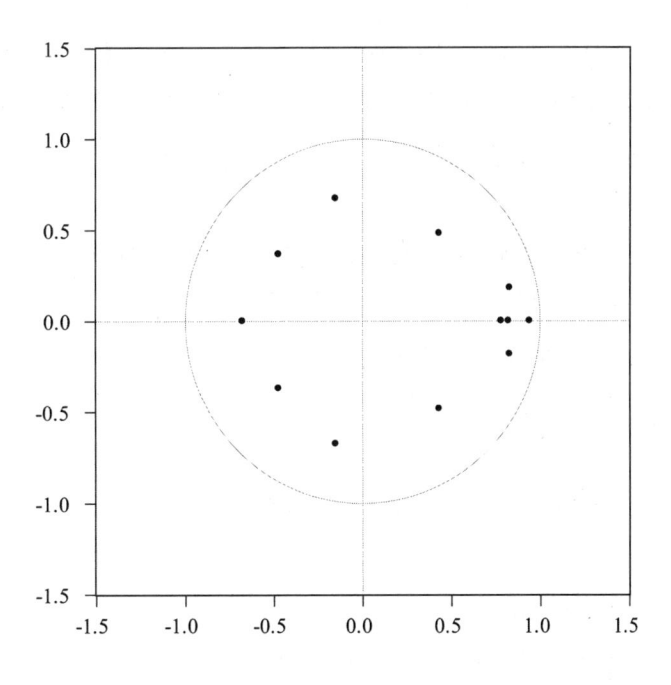

图 5-11　VAR 模型特征根倒数的分布图

(四) 协整分析

表 5-13　　　　　Johansen 协整检验结果

原假设	特征根	迹统计量（P值）	最大特征值统计量（P值）
0 个协整方程	0.478568	58.07466（0.0008）	36.46588（0.0014）
至多 1 个协整方程	0.282481	21.60878（0.1550）	18.58953（0.065）
至多 2 个协整方程	0.052488	3.019253（0.8742）	3.019253（0.8742）

数据来源：根据有关文献资料整理。

从表 5-13 可以看出，两种检验方法都认为只有一个协整关系。协整方程如下（括号里的是标准差）：

LNTOP_ SA = 4.82LNFMG_ SA + 19.17LNFBAK_ SA - 0.08TREND
(1.5593)　(5.2558)　(0.0130)

对于 LNTOP 来说，LNFMG_ SA 系数为 4.82，LNFBAK_ SA 系数为 19.17，说明货币化率每增长 1%，外贸依存度提高 4.82%，存款货币银行资产占比每增长 1%，外贸依存度增长 19.17%。

(五) 误差修正

对于上面的 VAR（4）模型，此处 VEC 滞后期选择 3，截距项和趋势相选择仍和前面一样。结果如下：

$$DLY_t = \begin{bmatrix} -0.09 & -0.16 & -0.94 \\ -0.12 & 0.15 & 0.83 \\ -0.04 & -0.07 & 0.22 \end{bmatrix} \times DLY_{t-1}$$

$$+ \begin{bmatrix} -0.06 & -0.03 & -1.84 \\ 0.02 & 0.27 & 0.86 \\ -0.05 & 0.07 & 0.12 \end{bmatrix} \times DLY_{t-2}$$

$$+ \begin{bmatrix} -0.15 & 0.43 & -1.38 \\ 0.08 & -0.03 & -0.07 \\ 0.07 & 0.12 & 0.27 \end{bmatrix} \times DLY_{t-3}$$

第五章 金融发展与国际贸易关系的中国经验分析

$$+ \begin{bmatrix} -0.0965 \\ 0.0087 \\ 0.0033 \end{bmatrix} \times vecm + \begin{bmatrix} 0.0179 \\ -0.0005 \\ -0.0001 \end{bmatrix}$$

其中,$LY_t = (\text{LNTOP\_SA} \quad \text{LNFMG\_SA} \quad \text{LNFBAK\_SA})'$

$vecm_t = (1 \quad -4.82 \quad -19.17) \times LY_t + 0.08 TREND + 108.11$

$R^2 = 0.60, \bar{R}^2 = 0.51, S.E. = 0.04, F = 6.73$

对序列 vecm 做单位根检验,发现它已经是平稳序列(图 5-12),说明协整关系是有效的。

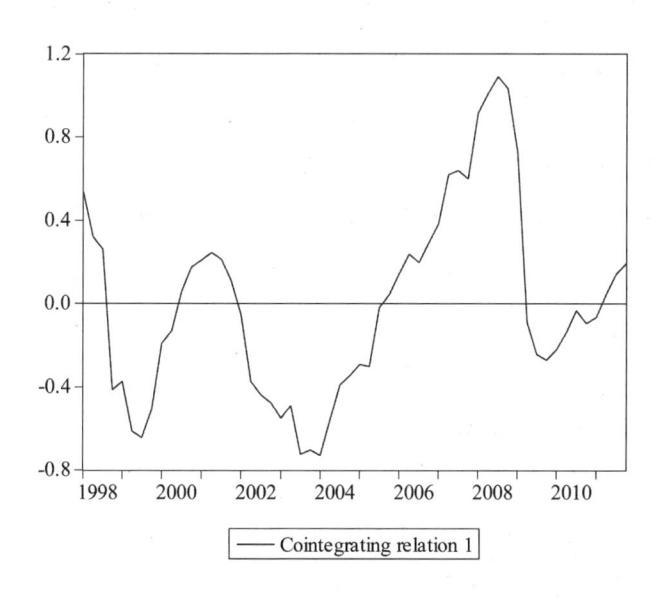

图 5-12 序列 VECM 的时序图

(六)格兰杰因果关系检验

格兰杰因果关系检验的结论是统计意义上的因果性,但是实际中统计上的因果关系也是有参考价值的。

表5-14　　　　　　　　格兰杰因果关系检验结果

零假设	F统计量	P值	结论
LNFMG_SA 不是 LNTOP_SA 的格兰杰原因	3.46323	0.0147	拒绝
LNTOP_SA 不是 LNFMG_SA 的格兰杰原因	1.33052	0.2726	接受
LNFBAK_SA 不是 LNTOP_SA 的格兰杰原因	0.81993	0.5190	接受
LNTOP_SA 不是 LNFBAK_SA 的格兰杰原因	4.17952	0.0056	拒绝

数据来源：根据有关文献资料整理。

由格兰杰检验结果看出，LNFMG 代表的金融规模是贸易规模的原因，而贸易规模是 LNFBAK 代表的金融效率的原因，反之不成立。

（七）基于 VAR 模型的脉冲响应

图 5-13 是外贸依存度、货币化率和存款货币银行资产占比在对数水平下受到冲击的脉冲响应。样本跨度60期，可以把响应函数追踪期设得长一些，这里设为50期以作观察。从图 5-13 可以看出，对于每一个标准差的冲击，3个变量都有明显的反应，在20期以后影响都开始减弱收敛。整体看，整个系统对冲击的反应是稳定的。以图 5-13（左）为例，对于 LNTOP_SA 一个标准差的冲击，LNFMG_SA 在前6期稳定增长，在达到最高点后开始逐期下降。LNFBAK_SA 的反应则在一开始并不明显，经过前6期的上下波动后在17期达到最高点，然后逐期下降。这说明在本期给贸易一个正冲击之后，两个金融指标都受到正向。图 5-13（中）对于 LNFMG_SA 的一个标准差的冲击和图 5-13（右）对于 LNFBAK_SA 的一个标准差的冲击都引起 LNTOP_SA 的负向波动。这表明在本期给金融指标一个正向冲击，外贸增长在短期内会受到负面影响，大约在第5期后开始减弱。

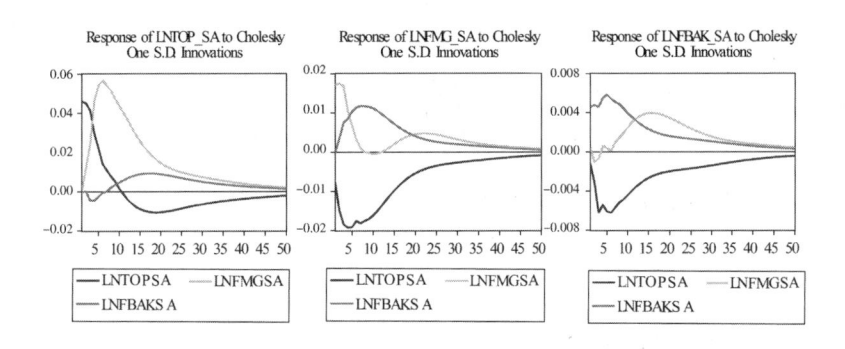

图 5-13 脉冲响应结果

(八) 小结

长期来看，FMG 代表的金融规模对贸易规模都有显著的正向影响，格兰杰检验也再次支持了金融规模是贸易规模的原因，这与年度数据的分析是一致的，即金融发展会对国际贸易规模扩大有明显促进作用。

协整检验表明，新指标 FBAK（存款货币银行资产占其与央行总资产之比）代表的金融效率与国际贸易规模之间也存在长期的稳定关系，但是格兰杰因果检验只单向支持贸易规模是金融效率的原因，反之不成立。这和年度数据的分析结论是一致的。也就是说在选用了第三个金融效率指标后（前两个为 FPC 和 FCD），检验结果仍然不支持金融效率是贸易规模的格兰杰原因。这说明我国的金融发展在"量"上还行，在"质"上还存在较多的问题，到目前为止，真正促进国际贸易发展的是金融规模而不是金融效率。

短期上，对于金融规模的冲击，贸易规模负向修正，直至回到长期均衡的稳定状态。对于贸易规模的冲击，金融效率短期影响一开始为正，然后在正负波动中减弱，直至回到均衡状态。此结论与年度时间序列一致。

第二节 省级层面面板数据分析

一 指标选取和数据描述

（一）指标说明

本节选取的贸易指标是外贸依存度（TOP），金融指标是信贷转化率（FCD）和贷款额占GDP比重（FCG），控制指标是人均国内生产总值（ADP）以及名义汇率（NER）。金融和贸易指标在前面已经交代过，对两个控制变量说明如下：

1. 人均国内生产总值（ADP）

我国各地区之间在经济发展水平上有较大差异，具体反映在金融和贸易领域就是经济发达地区（如东部地区）的国际贸易量较大，金融效率较高。由于这种影响的存在，本书选取各省市的人均GDP来代表不同的经济水平带来的直接影响。

2. 名义汇率（NER）

由于我国在国际贸易中的计价和结算货币主要是美元，所以美元汇率的变动对我国外贸进出口的影响很大。这种影响直接体现为名义汇率变动引起的进出口商品美元价格的变化。所以本书采用直接标价法的人民币兑美元汇率，即每100美元兑换的人民币数。

（二）数据描述

省级面板数据选取的样本是我国31个省市自1980年到2010年31年的数据。主要来源有部分省市的统计年鉴、《中国统计年鉴》和《新中国60年统计资料汇编》。其中海南和重庆1980—1985年数据缺失，青海1980—1983年数据缺失。

二 省级面板模型的实证检验

(一) 数据处理和平稳性检验

为便于分析,本节首先对 5 个指标变量进行了对数化处理,重新记为外贸依存度 (LNTOP)、信贷转化率 (LNFCD)、贷款额占 GDP 比重 (LNFCG)、人均 GDP (LNADP) 和名义汇率 (LN-NER)。然后进行平稳性检验,表 5 – 15 是对 LNTOP、LNFCD、LN-FCG、LNADP 和 LNNER 进行的多种方法的单位根检验结果。

表 5 – 15　　　　　　省级面板数据单位根检验结果

变量	检验方法	检验统计量	P 值**	结论
LNTOP	LLC	5.1915	1.0000	存在单位根,不平稳
	ADF – Fisher	12.242	1.0000	存在单位根,不平稳
	PP – Fisher	13.7735	1.0000	存在单位根,不平稳
LNFCD	LLC	– 1.02543	0.1526	存在单位根,不平稳
	ADF – Fisher	70.7147	0.2096	存在单位根,不平稳
	PP – Fisher	54.4679	0.7407	存在单位根,不平稳
LNFCG	LLC	– 2.64037	0.0041	拒绝原假设,平稳
	ADF – Fisher	62.6499	0.4530	存在单位根,不平稳
	PP – Fisher	39.2364	0.9894	存在单位根,不平稳
LNADP	LLC	– 0.69089	0.2448	存在单位根,不平稳
	ADF – Fisher	76.0168	0.1087	存在单位根,不平稳
	PP – Fisher	35.1061	0.9977	存在单位根,不平稳
LNNER	LLC	– 1.19543	0.1160	存在单位根,不平稳
	ADF – Fisher	1.35857	1.0000	存在单位根,不平稳
	PP – Fisher	0.03698	1.0000	存在单位根,不平稳

续表

变量	检验方法	检验统计量	P值**	结论
DLNTOP	LLC	-25.067	0.0000	拒绝原假设，平稳
	ADF-Fisher	697.434	0.0000	拒绝原假设，平稳
	PP-Fisher	801.153	0.0000	拒绝原假设，平稳
DLNFCD	LLC	-19.7449	0.0000	拒绝原假设，平稳
	ADF-Fisher	472.489	0.0000	拒绝原假设，平稳
	PP-Fisher	773.996	0.0000	拒绝原假设，平稳
DLNFCG	LLC	-18.0809	0.0000	拒绝原假设，平稳
	ADF-Fisher	376.753	0.0000	拒绝原假设，平稳
	PP-Fisher	510.819	0.0000	拒绝原假设，平稳
DLNADP	LLC	-8.10161	0.0000	拒绝原假设，平稳
	ADF-Fisher	181.492	0.0000	拒绝原假设，平稳
	PP-Fisher	172.199	0.0000	拒绝原假设，平稳
DLNNER	LLC	-19.1899	0.0000	拒绝原假设，平稳
	ADF-Fisher	426.462	0.0000	拒绝原假设，平稳
	PP-Fisher	418.025	0.0000	拒绝原假设，平稳

注：**表示在5%的统计水平上显著，序列前加D表示一阶差分。

数据来源：根据有关文献资料整理。

对于上述结果，LLC检验方法认为LNFCG不存在同质单位根过程，但是ADF和PP检验方法都认为LNFCG存在异质单位根，所以综合认定LNFCG存在单位根，为非平稳序列。一阶差分后的新序列都在5%的显著水平上通过了检验，均为1阶单整I（1）序列。

（二）面板协整检验

上面各序列为一阶单整，有存在协整关系的可能。下面对LN-TOP、LNFCD、LNFCG、LNADP和LNNER进行协整检验。检验结果见表5-16。

表 5-16　　　　　　　　省级面板数据协整检验结果

1. Fisher（combined Johansen）协整检验			
原假设（协整个数）	迹统计量	P 值	最大特征值统计量	P 值
0 个	412.7	0.0000	277.0	0.0000
至多 1 个	198.1	0.0000	108.5	0.0002
至多 2 个	126.4	0.0000	80.21	0.0598
至多 3 个	93.95	0.0055	73.89	0.1433
至多 4 个	104.6	0.0006	104.6	0.0006
2. Pedroni 协整检验			
	统计量	P 值	加权统计量	P 值
Panel v – Statistic	0.106601	0.3967	-0.399733	0.3683
Panel rho – Statistic	2.305956	0.0279	2.878568	0.0063
Panel PP – Statistic	-3.579785	0.0007	-2.224090	0.0336
Panel ADF – Statistic	2.327710	0.0266	1.865556	0.0700
Group rho – Statistic	5.464619	0.0000		
Group PP – Statistic	-1.074392	0.2240		
Group ADF – Statistic	3.118159	0.0031		
3. Kao 协整检验			
ADF	t 统计量	P 值		
	-5.765380	0.0000		

数据来源：根据有关文献资料整理。

各检验方法都认为变量之间存在协整关系，即 LNTOP、LNFCD、LNFCG、LNADP 和 LNNER 之间存在着长期稳定的均衡关系，因此可在此基础上进一步分析这些变量之间的关系。

（三）面板模型的选择与回归

参照 BECK（2002）的方法，建立各省市金融发展与贸易发展关系模型如下：

$$TRADE_{it} = C_i + \alpha_1 FINANCE_{it} + \alpha_2 CV_{it} + \varepsilon_{it}$$

此处，TRADE 代表贸易指标，FINANCE 代表金融发展指标，CV 代表控制变量，i 和 t 分别代表省市和时期。具体而言，贸易指标用 LNTOP，金融指标用 LNFCD 和 LNFCG，控制变量用 LNADP 和 LNNER。

在面板数据模型形式的选择上，经过分析首先排除了混合模型。在随机效应模型还是固定效应模型的选择上，考虑到从理论上来讲，如果截面单位是随机抽取一个大的总体，用随机效应，若截面包括总体所有单位时，固定效应模型则更为合理。本书的截面单位正是总体所有单位，所以选用固定效应模型。为了严谨，进一步用 Hausman 检验和似然比（LR）检验加以验证是否该选用固定效应模型。

首先构造两个模型，一个是固定效应模型用似然比（LR）进行检验，似然比检验原假设为固定效应是多余的。另一个是随机效应模型，用 Hausman 检验进行，如果无法拒绝原假设则应该采用随机效应模型，否则应该选择固定效应模型。检验结果见表 5-17。

表 5-17　省级面板数据固定效应与随机效应检验结果

检验方法	固定/随机效应	统计量	P 值	结论
LR 检验	Cross – section F	94.2762	0.0000	拒绝原假设，引入固定效应是合适的
Hausman 检验	Cross – section random	65.7040	0.0000	拒绝原假设，不能用随机效应

数据来源：根据有关文献资料整理。

通过检验，发现选用固定效用模型相对合理，所以下面按照固定效应模型的思路进行参数估计。考虑到各个截面单元（省份）的差异，进一步选择变截距的固定效应模型。

表 5-18　　　　省级面板固定效应变截距模型估计结果

被解释变量	解释变量	系数	标准差	t 统计量	P 值
LNTOP 观测值：940	LNFCD	0.226072	0.082982	2.724355	0.0066
	LNFCG	0.380662	0.072411	5.256965	0.0000
	LNADP	0.147493	0.027044	5.453808	0.0000
	LNNER	0.640949	0.045418	14.11213	0.0000
	C	-5.515727	0.431384	-12.78612	0.0000
	北京：1.295771；天津：1.164954；河北：-0.018056；山西：-0.763084；内蒙古：-0.612807；辽宁：0.807603；吉林：-0.283489；黑龙江：-0.358848；上海：1.393203；江苏：0.797356；浙江：0.583625；安徽：-0.510362；福建：1.167669；江西：-0.464062；山东：0.579025；河南：-0.944914；湖北：-0.469227；湖南：-0.511973；广东：1.973058；广西：0.059638；海南：0.727783；重庆：-0.477380；四川：-0.882768；贵州：-0.943894；云南：-0.303654；西藏：-0.129557；陕西：-0.710499；甘肃：-0.847011；青海：-1.033462；宁夏：-0.357707；新疆：-0.056867 $R^2 = 0.908650$；调整的 $R^2 = 0.905218$；S.E. $= 0.405252$；F $= 264.7633$			

数据来源：根据有关文献资料整理。

从面板模型的回归结果来看，各解释变量的影响都较为显著，模型总体拟合效果较好，t 统计量和 P 值也都通过了检验。以北京为例，可写出回归方程如下：

LNTOP = 1.30 - 5.52 + 0.23 * LNFCD + 0.38 * LNFCG + 0.15 * LNADP + 0.64 * LNNER

　　　（-12.79）　　　（5.26）　　　（5.45）　　　（14.1）

从回归方程看，对 LNTOP（外贸依存度）的影响因素中，LN-

NER（名义汇率）的影响最显著，名义汇率每上升 1 个百分点（即本币贬值 1 个百分点），外贸依存度提高 0.64 个百分点，说明人民币贬值有利于贸易规模的扩大；LNFCG（贷款额占 GDP 比重）的系数也有 0.38，说明信贷投放每增加 1 个百分点，对贸易规模的扩大有 0.38 个百分点的提振作用；LNFCD（信贷转化率）系数为 0.23，说明信贷效率（存款转化为贷款）每提高一个百分点，对贸易依存度的贡献为 0.23 个百分点；LNADP（人均 GDP）的系数为 0.15，代表经济发展水平提高对贸易依存度也有促进作用，具体来说人均 GDP 每提高一个百分点，外贸依存度上升 0.15 个百分点。

（四）小结

总体来看，金融规模 FCG 和金融效率 FCD 对贸易规模 TOP 都有正向影响，但是相比之下，金融规模对贸易规模影响更为显著，这与年度和季度时间序列中金融对贸易的促进主要来自于金融规模而不是金融效率的结论基本一致。

分地区来看，东部沿海地区如广东、上海、北京等地金融发展对贸易规模的影响更大一些。

第三节　行业层面面板数据分析

一　指标选取和数据描述

（一）指标说明

本节选取的贸易指标是各行业的外贸出口额（EX），用以代表行业的竞争力。金融指标是代表金融效率的信贷转化率（FCD）和私人部门信贷占比（FPC）。之所以这样选择，是考虑到在前文对全国时间序列的 VAR 实证检验中发现金融效率是国际贸易竞争力的格兰杰原因，而且影响为负相关。本节通过面板模型对此可再次验证。控制指标是外商直接投资（FDI）和劳动力优势（LAB）。金融和贸易指标在前面已经交代过，对两个控制变量说明如下：

1. 外商直接投资（FDI）

我国各行业在吸收外商直接投资方面具有较大差异，通常认为外商直接投资由于其在技术和管理上的优势，对行业的发展有促进作用。另外外商直接投资全球化的采购和销售模式也会带动出口和进口的发生，在考察金融发展对于不同行业的出口影响时是一个重要的控制变量。本书在具体的数据选取上用规模以上工业企业的实收资本项下港澳台资本和外商资本加总来代表外商直接投资（FDI）。

2. 劳动力数量（LAB）

在传统贸易理论中，发展中国家对外出口主要是基于劳动力方面的优势。我国是典型的劳动密集型出口模式，劳动密集型产业如服装鞋帽制造业往往拥有较多的对外出口规模，所以此处加入劳动力作为控制变量。在具体的数据选取上用规模以上工业企业的从业人员数来代表劳动力优势（LAB）。

（二）数据描述

行业面板数据选取的样本是我国制造业中28个行业从2001年到2010年的相关数据。其中，外商直接投资（FDI）数据和劳动力（LAB）数据来自历年《中国工业经济统计年鉴》。贸易出口数据（EX），由于贸易和产业的划分不统一，所以本书进行了大量的转换处理（具体转换方法参见表5-19）。对于各行业的外贸出口数据主要来自UNCOMTADE数据库，然后在国际贸易标准分类（SITC）和国际标准行业分类（ISIC）之间进行转换。

表 5-19　　　国际贸易标准分类（SITC）转换
国际标准行业分类（ISIC）权数对照

ISIC 三位码	ISIC 行业码	SITC 两位码	SITC 权重	ISIC 三位码	ISIC 行业码	SITC 两位码	SITC 权重	ISIC 三位码	ISIC 行业码	SITC 两位码	SITC 权重
311/12	FD	1	1.00	342	PR	64	0.10	371	ST	67	0.95
311/12	FD	2	0.75	342	PR	89	0.30	371	ST	69	0.20
311/12	FD	3	0.50	351	IC	23	0.10	372	NF	68	0.95
311/12	FD	4	0.50	351	IC	26	0.10	372	NF	69	0.10
311/12	FD	5	0.05	351	IC	51	1.00	381	MP	67	0.05
311/12	FD	6	1.00	351	IC	52	1.00	381	MP	68	0.05
311/12	FD	7	0.50	351	IC	53	1.00	381	MP	69	0.50
311/12	FD	8	0.75	351	IC	56	1.00	381	MP	71	0.10
311/12	FD	9	1.00	351	IC	58	0.50	381	MP	73	0.25
311/12	FD	21	0.25	351	IC	59	0.33	381	MP	74	0.05
311/12	FD	22	0.25	351	IC	43	0.10	381	MP	81	0.90
311/12	FD	29	0.13	352	OC	53	0.25	382	MA	69	0.10
311/12	FD	41	1.00	352	OC	54	0.90	382	MA	71	0.40
311/12	FD	42	1.00	352	OC	55	1.00	382	MA	72	1.00
311/12	FD	43	0.50	352	OC	57	1.00	382	MA	73	0.75
311/12	FD	59	0.10	352	OC	59	0.33	382	MA	74	0.80
313	BV	11	1.00	353	PE	33	0.50	382	MA	75	1.00
314	TB	12	0.50	353	PE	34	0.10	382	MA	77	0.13
321	TX	26	0.50	354	PC	32	0.25	383	EM	76	1.00
321	TX	65	1.00	354	PC	33	0.13	383	EM	77	0.88

续表

ISIC 三位码	ISIC 行业码	SITC 两位码	SITC 权重	ISIC 三位码	ISIC 行业码	SITC 两位码	SITC 权重	ISIC 三位码	ISIC 行业码	SITC 两位码	SITC 权重
321	TX	84	0.10	354	PC	34	0.10	384	TR	71	0.50
322	AP	84	0.90	355	RU	23	0.50	384	TR	74	0.10
323	LT	61	0.75	355	RU	62	0.90	384	TR	78	1.00
323	LT	83	0.90	356	PL	58	0.50	384	TR	79	1.00
324	FT	61	0.25	356	PL	82	0.10	384	TR	89	0.10
324	FT	85	1.00	356	PL	89	0.10	385	PG	54	0.10
331	WO	24	0.75	361	PT	66	0.13	385	PG	59	0.05
331	WO	63	0.90	361	PT	81	0.05	385	PG	74	0.05
332	FU	82	0.80	362	GL	66	0.50	385	PG	87	1.00
341	PA	25	1.00	362	GL	81	0.05	390	OT	69	0.10
341	PA	59	0.10	369	NM	27	0.13	390	OT	83	0.10
341	PA	64	0.90	369	NM	66	0.38	390	OT	89	0.40

数据来源：Maskus, Keith E（1989）。

代表各行业的金融发展水平数据（FCD 和 FPC），用年度时间序列的全国数据乘以各行业的外部金融依赖度。对于行业的金融依赖度（EXT），参见表 5-20。Rajan 和 Zingales（1998）最早对美国各行业的金融依赖度做过测量，之后国内学者朱彤、曹珂（2009）也做过国内相关行业的测量，结果都差不多。本书引用 Rajan 和 Zingales 的数据，其中烟草制造业（TB）、皮革产品制造业（LT）、鞋类制造业（FT）和陶瓷制品制造业（PT）因为金融依赖度为负，不好做对数处理而排除。

表5-20　　　　　　　　不同行业的金融依赖度

行业	代码	金融依赖度	行业	代码	金融依赖度
食品制造业	FD	0.14	橡胶制品制造业	RU	0.23
饮料制造业	BV	0.08	塑料制品制造业	PL	1.14
纺织品制造业	TX	0.40	玻璃制品制造业	GL	0.53
服装制造业	AP	0.03	非金属矿物制品业	NM	0.06
木材产品制造业	WO	0.28	基本钢铁制造业	ST	0.09
家具制造业	FU	0.24	有色金属制造业	NF	0.01
纸制品制造业	PA	0.18	金属产品制造业	MP	0.24
印刷品制造业	PR	0.20	通用机械制造业	MA	0.45
基本化学品制造业	IC	0.20	电力设备制造业	EM	0.77
其他化学制品制造业	OC	0.22	运输设备制造业	TR	0.31
精炼石油业	PE	0.04	专业设备制造业	PG	0.96
焦炭和石油品制造业	PC	0.33	其他制造业	OT	0.47

资料来源：Rajan & Zingales（1998）。

二　行业面板模型的实证检验

（一）数据处理和平稳性检验

为便于分析，本节首先对5个指标变量进行了对数化处理，重新记为贸易出口（LNEX）、信贷转化率（LNFCD）、私人部门信贷占比（LNFPC）、外商直接投资（LNFDI）和劳动力（LNLAB）。然后本书用LLC、ADF-Fisher和PP-Fisher方法检验数据平稳性，结果见表5-21。

第五章　金融发展与国际贸易关系的中国经验分析

表5-21　　　　　　行业面板数据单位根检验结果

变量	检验方法	检验统计量	P值**	结论
LNEX	LLC	15.6895	1.0000	存在单位根，不平稳
	ADF-Fisher	0.89234	1.0000	存在单位根，不平稳
	PP-Fisher	0.40556	1.0000	存在单位根，不平稳
LNFCD	LLC	-0.68533	0.2466	存在单位根，不平稳
	ADF-Fisher	5.19213	1.0000	存在单位根，不平稳
	PP-Fisher	3.6522	1.0000	存在单位根，不平稳
LNFPC	LLC	-1.58342	0.0567	存在单位根，不平稳
	ADF-Fisher	35.3181	0.9131	存在单位根，不平稳
	PP-Fisher	38.1841	0.8438	存在单位根，不平稳
LNFDI	LLC	10.3367	1.0000	存在单位根，不平稳
	ADF-Fisher	9.60901	1.0000	存在单位根，不平稳
	PP-Fisher	16.7527	1.0000	存在单位根，不平稳
LNLAB	LLC	12.5874	1.0000	存在单位根，不平稳
	ADF-Fisher	1.65883	1.0000	存在单位根，不平稳
	PP-Fisher	1.22056	1.0000	存在单位根，不平稳
DLNEX	LLC	-5.73835	0.0000	拒绝原假设，平稳
	ADF-Fisher	87.0417	0.0005	拒绝原假设，平稳
	PP-Fisher	88.6776	0.0003	拒绝原假设，平稳
DLNFCD	LLC	-10.0419	0.0000	拒绝原假设，平稳
	ADF-Fisher	144.704	0.0000	拒绝原假设，平稳
	PP-Fisher	144.045	0.0000	拒绝原假设，平稳
DLNFPC	LLC	-12.1546	0.0000	拒绝原假设，平稳
	ADF-Fisher	181.633	0.0000	拒绝原假设，平稳
	PP-Fisher	181.04	0.0000	拒绝原假设，平稳
DLNFDI	LLC	-27.694	0.0000	拒绝原假设，平稳
	ADF-Fisher	262.506	0.0000	拒绝原假设，平稳
	PP-Fisher	311.809	0.0000	拒绝原假设，平稳

续表

变量	检验方法	检验统计量	P值**	结论
DLNLAB	LLC	-11.5085	0.0000	拒绝原假设，平稳
	ADF-Fisher	156.751	0.0000	拒绝原假设，平稳
	PP-Fisher	278.253	0.0000	拒绝原假设，平稳

注：**表示在5%的统计水平上显著，序列前加D表示一阶差分。
数据来源：根据有关文献资料整理。

对于上述结果，原序列均为非平稳序列。一阶差分后均为1阶单整I（1）序列。

（二）面板协整检验

对于同阶单整序列，有存在协整关系的可能，接下来对 LNEX、LNFCD、LNFPC、LNFDI 和 LNLAB 进行协整检验看是否存在长期稳定的关系。常见的检验标准有三种，其中 Fisher（combined Johansen）检验要求单个截面内的数据足够多才行，本书中单个截面内有10个数据，无法进行该项检验。对 Pedroni 协整检验和 Kao 协整检验的结果见表 5-22。

从上面两种检验方法来看，都认为变量之间存在协整关系，即 LNEX、LNFCD、LNFPC、LNFDI 和 LNLAB 之间存在着长期稳定的均衡关系，因此可在此基础上进行回归，这样的回归结果比较准确。

（三）行业面板模型的选择与回归

参照 BECK（2002）的方法，建立金融发展与各行业出口关系模型如下：

$$TRADE_{it} = C_i + \alpha_1 EXT_{it} \times FINANCE_{it} + \alpha_2 CV_{it} + \varepsilon_{it}$$

此处，TRADE 代表贸易指标，FINANCE 代表金融发展指标，EXT 代表行业的金融依赖度，CV 代表控制变量，i 和 t 分别代表行

第五章 金融发展与国际贸易关系的中国经验分析

业和时期。具体而言,贸易指标用 LNEX,金融指标用 LNFCD 和 LNFPC,控制变量用 LNFDI 和 LNLAB。

表 5-22　　　　　　　　行业面板数据协整检验结果

Pedroni 协整检验				
	统计量	P 值	加权统计量	P 值
Panel v – Statistic	-2.389735	0.0230	-3.053170	0.0038
Panel rho – Statistic	5.437803	0.0000	5.329178	0.0000
Panel PP – Statistic	-6.692512	0.0000	-8.197390	0.0000
Panel ADF – Statistic	-6.243165	0.0000	-6.765100	0.0000
Group rho – Statistic	7.784012	0.0000		
Group PP – Statistic	-15.64262	0.0000		
Group ADF – Statistic	-9.400608	0.0000		
Kao 协整检验				
ADF	t 统计量		P 值	
	-6.515811		0.0000	

数据来源:根据有关文献资料整理。

在面板数据模型形式的选择上,和省际面板中的考虑是一样的。本书截面单位是所有考察的行业总体,所以选用固定效应模型。出于严谨考虑,进一步用 Hausman 检验和似然比(LR)检验加以验证是否该选用固定效应模型。

似然比检验(LR)原假设为固定效应是多余的。Hausman 检验的原假设是应该采用随机效应模型。检验结果见表 5-23。

通过检验,发现选用固定效用模型是合适的,所以下面按照固定效应模型的思路进行参数估计。考虑到各个截面单元(行业)的差异,进一步选择变截距的固定效应模型。

表 5-23　　行业面板数据固定效应与随机效应检验结果

检验方法	固定/随机效应	统计量	P 值	结论
LR 检验	Cross – section F	51.209175	0.0000	拒绝原假设,引入固定效应是合适的
Hausman 检验	Cross – section random	731.444883	0.0000	拒绝原假设,不能用随机效应

数据来源:根据有关文献资料整理。

从面板模型的回归结果来看(见表 5-24),R^2 和 F 统计量都很好,总体拟合效果尚可。解释变量 LNFPC 和 LNFDI 在 10% 的统计水平上显著,LNFCD 和 LNLAB 在 1% 的统计水平上显著。

表 5-24　　行业面板固定效应变截距模型估计结果

被解释变量	解释变量	系数	标准差	t 统计量	P 值
LNEX 观测值:192	LNFCD	-2.90713	0.28568	-10.1761	0.00000
	LNFPC	0.29688	0.17302	1.71587	0.08810
	LNFDI	0.17921	0.10463	1.71279	0.08860
	LNLAB	0.76452	0.05946	12.8568	0.00000
	C	6.78671	0.96990	6.99733	0.00000
	食品制造业: -0.64533;饮料制造业: -5.33917,纺织品制造业: 2.346766;服装制造业: -3.49011;木材产品制造业: 1.089272;家具制造业: 1.419785;纸制品制造业: -1.45131;印刷品制造业: 1.052906;基本化学品制造业: -0.27556;其他化学品制造业: 0.647029;精炼石油业: -4.10477;焦炭和石油制造业: 0.754591;橡胶制品制造业: -0.101;塑料制品制造业: 3.846777;玻璃制品制造业: 1.400539;非金属矿物制品业: -4.58139;基本钢铁制造业: -1.45672;有色金属制造业: -7.39023;金属产品制造业: 0.810356;通用机械制造业: 4.006254;电力设备制造业: 5.185385;运输设备制造业: 1.44371;专业设备制造业: 1.350523;其他制造业: 3.481681 $R^2 = 0.993711$;调整的 $R^2 = 0.992676$;S. E. = 0.155786;F = 959.8176;DW = 1.6					

数据来源:根据有关文献资料整理。

第五章 金融发展与国际贸易关系的中国经验分析

以食品制造业为例,可写出如下回归方程:

LNEX = -0.65 + 6.79 - 2.91 * LNFCD + 0.30 * LNFPC + 0.18 * LNFDI + 0.76 * LNLAB

(6.99733)(-10.1761)(1.71587)(1.71279)(12.8568)

从回归方程看,对 LNEX(外贸出口)的影响因素中,LNFCD(信贷转化率)的影响最为显著。LNFCD 每上升 1 个百分点,行业的出口下降 2.91 个百分点,说明贷存比上升对行业出口是不利的影响;LNFPC(私人部门信贷占比)的系数为 0.30,说明私人部门代表的金融效率每提高 1 个百分点,行业出口扩大 0.3 个百分点;LNFDI(外商直接投资)系数为 0.18,说明外商直接投资对行业的贸易出口有提振作用,FDI 每增加一个百分点,出口增加 0.18 个百分点;LNLAB(劳动力因素)的系数为 0.76,代表行业的劳动力每增加 1 个百分点,对外出口就增加 0.76 个百分点。

(四)小结

总体来看,FCD 代表的金融效率对贸易竞争力有明显的抑制作用,FPC 代表的金融效率虽没有表现出抑制,但促进作用不大而且在统计上不够显著。这与年度序列中认为金融效率不高抑制了贸易竞争力的结论基本一致。

从分行业来看,外部融资依赖度高的行业,如塑料制品制造业、电力设备制造业、通用机械制造业等受到金融发展的影响较大。这与理论部分的观点是一致的。

金融效率之所以没有表现出我们期待的对制造业显著的促进作用,其可能的原因主要有:第一,我国的金融中介之间竞争不够充分,以国有商业银行为例,其在某些领域仍存在着垄断势力,股份制银行和外资银行不能平等地与之竞争。第二,我国私人部门的信贷没有得到很好的支持,虽然私人部门表现出更大的活力,但是从金融中介取得融资依旧比较困难。第三，非正规金融对于民间经济和外贸出口可能起到了促进作用，但是没有被考虑进来。

本章小结

对于分析金融发展和国际贸易关系的实证检验很重要的一点是关于指标的构建和数据的选取。本章在权衡了数据可得性和指标代表性后，用了货币化率（FMG）、私人部门信贷占比（FPC）、信贷转化率（FCD）、信贷总额占比（FCG）、存款货币银行资产占比（FBAK）等多项指标来代表金融发展水平。其中，货币化率和信贷总额占比可以代表金融规模，私人部门信贷占比、信贷转化率和存款货币银行资产占比可以代表金融效率。用外贸依存度（TOP）、外贸出口额（EX）、制成品出口占比（TSZ）、资本密集品出口占比（TSM）、制成品贸易竞争力（TCZ）和资本密集品贸易竞争力（TCM）等指标代表国际贸易发展水平。其中，外贸依存度代表贸易规模；制成品出口占比和资本密集品出口占比代表贸易结构；制成品贸易竞争力、资本密集品贸易竞争力以及行业分析中的出口额用来代表贸易竞争力。省际面板中加入人均国内生产总值（ADP）以及名义汇率（NER）作为控制指标。行业面板中加入外商直接投资（FDI）和劳动力优势（LAB）作为控制指标。

在计量模型上，运用了时间序列 VAR 和面板数据模型两类方法，具体包括单位根检验、协整检验、格兰杰检验和脉冲响应等方法。对于时间序列 VAR，又分为年度数据和季度数据进行，在年度数据中指标比较多，检验比较全面。在季度数据中，指标数据更新更近，检验更有时效性。在面板数据的分析中，分为省际和行业两个角度进行。由于技术所限，没有做动态面板，但本书的分析同样可以清楚地揭示金融指标和贸易指标间的关系。

在选用了多个代表指标和多个模型的分析后,得到主要结论如下:

一、金融发展和国际贸易发展之间存在长期的均衡关系。这个关系在理论部分包括在对各主要经济体的考查中就已经提到,本章通过协整检验以及面板数据模型都加以验证,我国的金融发展和国际贸易间确实存在这样一个稳定的长期均衡。简单地说,金融发展和国际贸易之间表现出一种正相关的关系。

二、金融规模和金融效率与国际贸易的关系明显不同。本章对金融规模和金融效率通过特定的指标加以了区分,研究发现2个金融规模指标和3个金融效率指标无论在时间序列模型还是面板数据模型上都表现出与国际贸易关系很大的差异。由此来看,本章对金融指标加以区分是合理和必要的。

三、金融规模和国际贸易(贸易规模和贸易结构)互为格兰杰因果关系,且表现出明显的促进效应;国际贸易(贸易规模和贸易结构)在一定程度上是金融效率的格兰杰原因,且表现出负相关关系,但是金融效率对国际贸易规模和贸易结构都没有构成格兰杰原因。这说明单独的金融效率没有对国际贸易(贸易规模和贸易结构)发展起到促进作用。

四、金融效率是国际贸易竞争力的格兰杰原因,且表现出负相关,反之不成立。进一步通过行业面板数据的分析发现,金融效率不仅没有构成对贸易规模和贸易结构的促进,反而对贸易竞争力的提升存在抑制作用。

五、对金融发展和国际贸易的长期均衡关系施加短期冲击后能重新回到均衡状态。通过观察误差修正模型和脉冲响应函数可以发现,金融发展和国际贸易间的稳定关系在受到短期冲击后,存在着向长期修正回归的路径，在一段时间的波动后都会回归均衡。

  综上，本章的研究结论是：我国的金融发展和国际贸易整体上虽然表现出互相促进的关系，但这主要是依靠规模上的带动效应。单从金融效率与国际贸易的关系来看，二者在很大程度上表现为负相关，这说明金融效率和国际贸易之间的良好互动关系并没有形成。其可能的原因是，我国的金融发展效率存在着内在的缺陷。例如，我国的金融中介之间竞争不够充分，以国有商业银行为例，其在某些领域仍存在着垄断势力，其他股份制银行和外资银行不能平等地与之竞争；我国私人部门的信贷没有得到很好的支持，虽然私人部门表现出更大的活力，但是从金融中介取得融资依旧比较困难。此外，非正规金融对于民间经济和外贸出口可能起到了促进作用，但是没有被考虑进来。

第六章 结论建议及展望

第一节 主要结论

围绕金融发展和国际贸易关系这个中心,本书在回顾文献和理论的基础上,主要做了三方面的工作。第一,对比考察了世界主要经济体在金融发展和国际贸易上的实际表现,发现无论是 G7 代表的发达国家,还是金砖国代表的新兴市场国家,金融发展和国际贸易间都存在确定和一致的关系:金融发展和国际贸易发展有一种正向的稳定的联系。第二,针对金融发展和国际贸易发展间为什么会有稳定的正向联系,本书紧接着从理论上对二者间的作用机理进行了分析,揭示出究竟是哪些渠道把金融发展和国际贸易联系起来的。第三,在有了一般性的结论之后,本书以中国为具体研究对象,对金融发展和国际贸易间的关系进行了经验分析。上述三方面工作构成了本书研究的主体,特别是第三部分是本书研究的重点所在。

在对世界主要经济体的对比考察中发现:G7 国家整体上具有较高的金融和贸易发展水平,个别金砖国家虽然某个指标突出,但整体而言要落后于 G7 国家。将 G7 国家和金砖国家综合起来量化处理后得到一般性结论:金融发展和国际贸易发展之间存在稳定的正相关关系。

在对金融发展和国际贸易的作用机理分析中，本书认为金融发展与国际贸易间既有间接传导，也有直接影响。金融发展主要通过规模经济、融资成本和风险分散来实现与国际贸易的间接传导，而通过汇率变动和工具创新来直接作用于国际贸易。

在对中国的经验分析中，本书认为我国的金融发展可从金融规模和金融效率上加以区分。研究结论表明，金融规模和国际贸易已基本实现良性互动，但金融效率和国际贸易间的良性互动并没有体现出来。具体表现为：一方面，我国金融效率不高是影响金融发展和国际贸易良好互动的短板；另一方面，国际贸易的结构变化也没有对金融效率的提高起到促进作用。

第二节 对策建议

一 从金融支持贸易发展的角度

金融业在现代经济中处于越来越重要的核心位置，这不仅是因为其自身的规模和产值，更是因为它对其他行业的支撑、促进和带动。金融业的发展不应局限于自身的规模、结构等指标，更重要的是要以服务经济、服务其他部门或产业的发展为己任。从本书的研究发现，金融发展对国际贸易发展具有显著的影响，但其中金融效率仍是其促进国际贸易发展（特别是贸易结构和贸易竞争力）方面的短板所在。基于上述考虑，对我国金融发展的建议如下：

（一）继续提高金融中介的效率

金融中介在服务经济和贸易发展中有其无法替代的优势，尤其是传统的商业银行。其成熟的经营模式和便利的网络覆盖以及国际金融业务的丰富经验，依然使其居于金融系统的重要位置。但是金融中介效率的提高还没有跟上经济和贸易发展的要求，已经成为从金融系统本身到促进其他部门产业（如国际贸易）再到整个国民经济发展的短板。提高金融中介效率主要是引入竞争和激励机制再配以适当的政策支持。至于竞争机制一方面可以考虑允许金融机构混业经营；另一方面可以考虑放宽对外资银行业务的限制。

（二）继续拓宽直接融资的渠道

我国目前的融资模式仍较多地依赖于间接融资，主要从银行等金融中介取得贷款。但是间接融资首先成本是比较高的，然后对于有些企业来讲门槛也是比较高的，从企业治理角度来讲也存在效率的争议。所以，我国应该进一步拓宽直接融资的渠道，加快发展资本市场。在控制主要风险的前提下，对于企业公开发行股票和债券以及上市交易给予更多的便利，使得企业有更多的融资途径和风险分散手段。

（三）在灵活中规范非正规金融

我国东南沿海地区是贸易出口的重镇，在这里存在着大量私营和个体经济通过非正规金融渠道进行融资的现象。且不说存在就是合理的，但是这种现象肯定从侧面反映了私人部门从正规金融获得支持的不易。如果传统的正规金融不能很好地服务于这种民间经济和贸易的发展，那么所谓的非正规金融就该被重视和承认。接下来的工作应该是如何加以适当的规范和监管，既能控制一定的风险，避免类似"跑路"现象大量发生，又不至于管得过死，做成和正规金融一样的模式。总之要在更好地服务民间经济和贸易发展的前提下，做到灵活的规范。

（四）视区域和行业差异给予金融支持

我国各区域在国际贸易和金融发展水平还有较大差异。各行业的贸易发展和金融发展也差异明显。区域上，越是东部沿海地区越有金融发展的便利，行业上，越是有比较优势的行业越容易得到金融支持。单靠市场本身是没有这种纠偏机制的，所以在保持原有优势的同时，要对落后地区和弱势行业给予更多的金融支持。金融行业要更多地发挥贯彻经济政策和产业政策的作用，帮助实现国际贸易在地区和行业结构上的优化调整。

二 从贸易支持金融发展的角度

我国的国际贸易在改革开放特别是加入世界贸易组织以后取得了非常大的成绩。但从贸易规模上看，我国2012年国际贸易总额已经和美国不相上下。但是我国在国际贸易发展中还是存在着一些问题，主要表现为：外贸出口依然是粗放型的，低附加值的劳动密集型产品仍是主要出口大类，技术密集型和资本密集型产品的出口比例还不高，加工贸易和外资企业的出口比例过大，中高端制造业产品的贸易竞争力不强等方面。针对性的建议有：

（一）继续发挥贸易规模优势

我国贸易的发展将不再追求单纯的贸易顺差，但这并不影响我国外贸规模的稳定增长。本书的研究表明，我国的国际贸易在规模上对金融发展具有较大的拉动作用，所以这种贸易规模的优势还应该继续保持。换句话说，在没有找到更好的解决方案前，保持国际贸易的稳定增长对于经济和金融发展依然很有帮助。在进行贸易结构升级调整的同时，要避免贸易规模的大幅波动。

（二）加快贸易结构调整

长远来看，我国外贸结构必须进行合理优化和调整。要大力发展中高端制造业，要提高产业的贸易竞争力。我国外贸出口的劳动力优势虽然还有，但正在逐渐减弱，必须未雨绸缪，加快提升技术和资本密集型产品出口的优势。本书的分析认为，技术和资本密集型产业的金融依赖度较高，所以通过外贸结构的调整也可以拉动金融业的发展。

第三节 进一步研究展望

本书的研究在前人的基础上取得了一些进展，但是受限于数据的可得性和高深的计量方法，仍存在一些不足。这些不足也成为作者以后进一步的研究方向。对于未来的深入研究，大致可从以下三个方面进行：

一、将资本市场的发展纳入研究范围。本书的研究中并没有纳入以股市为代表的资本市场，主要是由于中国股市在过去二十多年里暴露出很多的问题，股票市场不够规范，不能有效地反映经济基本面，不能构成经济的晴雨表，甚至都不能直接作为金融发展的晴雨表。随着股票市场的逐渐成熟，以后的研究应该将其纳入研究范围。

二、将非正规金融的发展纳入研究范围。私营企业通过非正规金融渠道进行外贸融资是一个确实存在的现象。我国的私营经济发展较快，也富有活力，其贸易和金融活动能敏锐地反映市场的变化。所以下一步的研究如果能取得较多的样本，应该以私营企业贸易和非正规金融作为研究对象。

三、引入更为先进的计量分析方法。对于经验分析来讲，先进和科学的计量方法会得到更为准确和丰富的结论。本书采用了 VAR 和面板两种计量方法，还有一种面板的 VAR 模型由于技术原因没有采用。如果能配合其他两个深入方向，运用面板 VAR 模型进行研究将会取得更好的效果。

附录

附录1　全国年度数据表

附表1-1　　　　　1980—2010年全国主要金融数据

年份	私人部门信贷（亿元）	金融机构信贷余额（亿元）	金融机构存款余额（亿元）	国内生产总值（亿元）	M2（亿元）	汇率（1美元兑人民币）
1980	254.2	2414.3	1661.2	4545.6	2007.4	1.5071
1981	311.0	2764.6	2035.6	4891.6	2431.9	1.7050
1982	345.5	3180.6	2369.9	5323.4	2809.0	1.8925
1983	390.5	3589.9	2788.6	5962.7	3318.4	1.9757
1984	663.3	4766.1	3583.9	7208.1	4376.0	2.3270
1985	737.9	5905.6	4264.3	9016.0	5198.9	2.9366
1986	995.9	7590.8	5354.7	10275.2	6720.9	3.4528
1987	1235.9	9032.5	6517.0	12058.6	8349.7	3.7221
1988	1470.4	10551.3	7425.8	15042.8	10099.6	3.7221
1989	1603.6	12409.3	9013.9	16992.3	11949.6	3.7651
1990	1869.3	15166.4	11644.9	18667.8	15293.4	4.7832
1991	2159.7	18044.0	14864.1	21781.5	19349.9	5.3233
1992	2886.7	21615.5	18891.1	26923.5	25402.2	5.5146
1993	2953.4	26461.1	23230.3	35333.9	34879.8	5.7620

续表

年份	私人部门信贷（亿元）	金融机构信贷余额（亿元）	金融机构存款余额（亿元）	国内生产总值（亿元）	M2（亿元）	汇率（1美元兑人民币）
1994	3302.2	39976.0	40502.5	48197.9	46923.5	8.6187
1995	4255.9	50544.1	53882.1	60793.7	60750.5	8.3510
1996	5020.8	61156.6	68571.2	71176.6	76094.9	8.3142
1997	8737.1	74914.1	82390.3	78973.0	90995.3	8.2898
1998	10495.8	86524.1	95697.5	84402.3	104498.5	8.2791
1999	11532.8	93734.3	108778.9	89677.1	119897.9	8.2783
2000	11604.4	99371.1	123804.4	99214.6	134610.3	8.2784
2001	13042.5	112314.7	143617.2	109655.2	158301.9	8.2770
2002	14755.7	131293.9	170917.4	120332.7	185007.0	8.2770
2003	17534.5	158996.2	208055.6	135822.8	221222.8	8.2770
2004	19993.9	178197.8	241424.3	159878.3	254107.0	8.2768
2005	21612.4	194690.4	287169.5	184937.4	298755.7	8.1917
2006	22097.8	225347.2	335459.8	216314.4	345603.6	7.9718
2007	26049.6	261690.9	389371.2	265810.3	403442.2	7.6040
2008	29304.3	303394.6	466203.0	314045.4	475166.6	6.9451
2009	37769.0	399685.0	597741.0	340902.8	606225.0	6.8310
2010	51040.1	479196.0	718238.0	401202.0	725851.8	6.7695

注：由于统计口径的变化，私人部门信贷最初由农业贷款、城镇集体企业及个体工商户贷款两项组成，1994年以后为农业贷款、乡镇企业贷款和私营企业及个体贷款三项加总，2010年为集体控股小型企业、私人控股小型企业以及农林牧渔业三项加总；金融机构余额在1993年以前为国家银行余额，其中1981年后数字含建设银行，1987年后数字含交通银行、中信实业银行；2001年6月起，将证券公司客户保证金计入货币供应量（M2），含在其他存款项内。

数据来源：根据有关文献资料整理。

附表 1-2　　　　　1980—2010 年全国主要贸易数据

年份	出口总额（亿美元）	进口总额（亿美元）	制成品进口（亿美元）	制成品出口（亿美元）	化学品类进口（亿美元）	机械品类进口（亿美元）	化学品类出口（亿美元）	机械品类出口（亿美元）
1980	182.7	195.5	130.6	90.1	29.1	51.2	11.2	8.4
1981	220.1	220.2	139.7	117.6	26.1	58.7	13.4	10.9
1982	223.2	192.9	116.5	122.7	29.4	32.0	12.0	12.6
1983	222.3	213.9	155.8	126.1	31.8	39.9	12.5	12.2
1984	261.4	274.1	222.0	142.1	42.4	72.5	13.6	14.9
1985	273.5	422.5	369.6	135.2	44.7	162.4	13.6	7.7
1986	309.4	429.0	372.6	196.7	37.7	167.8	17.3	10.9
1987	394.4	432.2	363.0	262.1	50.1	146.1	22.4	17.4
1988	475.2	552.7	452.1	331.1	91.4	167.0	29.0	27.7
1989	525.4	591.4	473.9	374.6	75.6	182.1	32.0	38.7
1990	620.9	533.5	434.9	462.1	66.5	168.5	37.3	55.9
1991	719.1	637.9	529.6	557.0	92.8	196.0	38.2	71.5
1992	849.4	805.9	673.3	679.4	111.6	313.1	43.5	132.2
1993	917.4	1039.6	897.5	750.8	97.0	450.2	46.2	152.8
1994	1210.1	1156.2	991.3	1013.0	121.3	514.7	62.4	219.0
1995	1487.8	1320.8	1076.7	1273.0	173.0	526.4	90.9	314.1
1996	1510.5	1388.3	1133.9	1291.2	181.1	547.6	88.8	353.1
1997	1827.9	1423.7	1137.5	1588.4	193.0	527.7	102.3	437.1
1998	1837.1	1402.4	1172.9	1632.2	201.6	568.5	103.2	502.2
1999	1949.3	1657.0	1388.5	1749.9	240.3	694.5	103.7	588.4
2000	2492.0	2250.9	1783.6	2237.4	302.1	919.3	121.0	826.0
2001	2661.0	2435.5	1978.1	2397.6	321.0	1070.2	133.5	949.0
2002	3256.0	2951.7	2459.0	2970.6	390.4	1370.1	153.3	1269.8
2003	4382.3	4127.6	3400.0	4034.2	489.8	1928.3	195.8	1877.7
2004	5933.3	5612.3	4439.6	5527.8	654.7	2528.3	263.6	2682.6
2005	7619.5	6599.5	5122.4	7129.2	777.3	2904.8	357.7	3522.3

续表

年份	出口总额（亿美元）	进口总额（亿美元）	制成品进口（亿美元）	制成品出口（亿美元）	化学品类进口（亿美元）	机械品类进口（亿美元）	化学品类出口（亿美元）	机械品类出口（亿美元）
2006	9689.8	7914.6	6043.3	9160.2	870.5	3570.2	445.3	4563.4
2007	12204.6	9561.2	7128.6	11562.7	1075.5	4124.6	603.2	5770.4
2008	14306.9	11325.7	7701.7	13527.4	1191.9	4417.6	793.5	6733.3
2009	12016.1	10059.2	7161.2	11384.8	1120.9	4078.0	620.2	5902.7
2010	15777.5	13962.4	9623.9	14960.7	1497.0	5494.2	875.7	7802.7

数据来源：历年《中国统计年鉴》。

附录2 全国季度数据表

附表2–1 货币当局资产负债表（部分项目）（亿元）

季度	对政府债权	对其他存款性公司债权	对其他金融性公司债权	对非金融性公司债权	季度	对政府债权	对其他存款性公司债权	对其他金融性公司债权	对非金融性公司债权
1997Q1	1582.8	13628.9	1658.7	661.7	2004Q1	3007.0	11370.1	7266.7	206.2
1997Q2	1582.8	13235.9	1835.4	643.7	2004Q2	3007.0	11133.6	8891.0	149.1
1997Q3	1582.8	13531.4	1898.0	169.4	2004Q3	3007.0	10856.0	8889.5	138.3
1997Q4	1582.8	14357.9	2072.3	171.0	2004Q4	2969.6	10424.2	8865.1	136.3
1998Q1	1582.8	14014.5	2138.4	171.0	2005Q1	2969.6	9777.4	9156.7	136.2
1998Q2	1582.8	13496.1	2404.0	109.3	2005Q2	2929.7	9165.2	13687.1	95.2
1998Q3	1582.8	11370.2	2607.0	105.0	2005Q3	2929.7	8531.8	15963.4	94.8
1998Q4	1582.8	13058.0	2962.8	103.8	2005Q4	2892.4	8167.7	17750.5	66.7
1999Q1	1582.8	12195.3	3012.5	102.9	2006Q1	2891.9	7808.6	18942.8	66.7
1999Q2	1582.8	11860.1	3047.8	102.5	2006Q2	2875.5	6937.9	19097.3	66.4
1999Q3	1582.8	12535.4	3048.7	101.9	2006Q3	2862.5	6920.5	20080.7	66.4
1999Q4	1582.8	15373.9	3833.1	101.5	2006Q4	2856.4	6516.7	21949.8	66.3
2000Q1	1582.8	13623.3	4346.3	101.3	2007Q1	2839.2	6526.6	21906.7	66.3
2000Q2	1582.8	11433.7	7320.8	117.9	2007Q2	2825.8	6633.1	21861.2	63.7
2000Q3	1582.8	11362.5	8366.0	115.9	2007Q3	8825.3	6612.4	16023.3	63.7

续表

季度	对政府债权	对其他存款性公司债权	对其他金融性公司债权	对非金融性公司债权	季度	对政府债权	对其他存款性公司债权	对其他金融性公司债权	对非金融性公司债权
2000Q4	1582.8	13519.2	8600.4	110.2	2007Q4	16317.7	7862.8	12972.3	63.6
2001Q1	2731.1	10067.9	8440.8	229.3	2008Q1	16367.7	8037.3	12291.7	44.1
2001Q2	2841.2	11257.0	8322.4	234.0	2008Q2	16279.8	8097.5	12190.1	44.1
2001Q3	2811.5	11205.3	8276.1	233.7	2008Q3	16233.9	8544.4	12103.4	44.1
2001Q4	2821.3	11311.6	8547.3	195.5	2008Q4	16196.0	8432.5	11852.7	44.1
2002Q1	2727.7	12482.6	7208.5	217.1	2009Q1	16196.0	8457.5	11832.5	44.1
2002Q2	2537.5	12281.7	7219.0	212.8	2009Q2	16073.8	7483.5	11775.8	44.0
2002Q3	2569.6	12210.3	7214.5	206.5	2009Q3	15676.7	7591.7	11701.0	44.0
2002Q4	2863.8	12287.7	7240.3	206.7	2009Q4	15662.0	7161.9	11530.2	44.0
2003Q1	2863.8	11819.4	7268.4	206.6	2010Q1	15625.9	8618.2	11514.6	44.0
2003Q2	3007.2	11399.7	7283.8	206.5	2010Q2	15621.2	8966.5	11498.5	44.0
2003Q3	3058.6	12350.0	7284.1	206.4	2010Q3	15551.9	9136.4	11465.8	44.0
2003Q4	2901.0	11982.8	7256.0	206.3	2010Q4	15421.1	9485.7	11325.8	25.0

数据来源：历年《中国金融年鉴》。

注：中国人民银行在2002年和2006年对资产负债表统计口径上做了较大调整，使得资产负债表中的数据承接需要重新归类和合并整理。1."对政府债权"项目引用数据没有变化，实际为"其中：中央政府"。

2."对其他存款性公司债权"项目在2006年之前由"对存款货币银行债权"和"对特定存款机构债权"加总代表，在2002年之前由"对存款货币银行债权"代表。

3."对其他金融性公司债权"项目在2006年之前为"对其他金融机构债权"，在2002年之前为"对非货币金融机构债权"。

4."对非金融性公司债权"项目在2006年之前为"对非金融机构债权"。

附表 2-2　其他存款性公司资产负债表（部分项目）（亿元）

季度	对政府债权	对其他存款性公司债权	对其他金融性公司债权	对非金融性公司债权	季度	对政府债权	对其他存款性公司债权	对其他金融性公司债权	对非金融性公司债权
1997Q1	1563.3	—	1882.1	62357.3	2004Q1	15686.7	9504.2	8643.4	168741.3
1997Q2	1383.4	—	1858.0	64322.5	2004Q2	15944.0	9994.5	8728.8	168972.9
1997Q3	1402.3	—	1995.5	66889.1	2004Q3	16691.2	10720.3	8606.9	172966.2
1997Q4	1495.7	—	2224.0	70691.0	2004Q4	18465.8	12151.0	6895.7	175319.5
1998Q1	1418.9	—	2254.5	71428.4	2005Q1	16981.6	25606.7	9943.5	177180.9
1998Q2	1667.7	—	2509.4	73915.6	2005Q2	17237.8	30534.3	10077.4	177476.9
1998Q3	4575.7	—	2628.2	78082.4	2005Q3	18485.0	33092.4	10613.7	181914.6
1998Q4	4969.9	—	2874.1	81493.2	2005Q4	19824.8	35192.9	10667.3	184091.2
1999Q1	5036.5	—	2975.6	82622.9	2006Q1	20246.0	37590.5	11333.8	197228.0
1999Q2	5210.9	—	2991.1	85312.1	2006Q2	20352.6	39577.3	11833.6	207167.9
1999Q3	5601.0	—	3212.1	88079.3	2006Q3	21488.2	41514.6	10810.7	211974.9
1999Q4	6061.7	—	3656.8	91160.2	2006Q4	22704.6	41680.3	11902.2	215738.7
2000Q1	6109.7	—	3615.5	93405.8	2007Q1	23312.5	44716.7	11716.4	212997.3
2000Q2	6483.7	—	5369.1	92792.7	2007Q2	25012.8	50279.7	12911.9	223624.1
2000Q3	6691.2	—	4866.7	96610.2	2007Q3	26115.8	56354.4	12475.5	230884.4
2000Q4	7380.1	—	4813.9	101815.6	2007Q4	29011.2	56316.5	12755.2	234912.9
2001Q1	9530.5	—	7413.8	94824.3	2008Q1	29507.4	64907.3	11417.0	247252.9
2001Q2	10085.2	—	7400.1	98891.6	2008Q2	30037.7	68746.3	12005.5	255527.0
2001Q3	10526.4	—	5523.6	100918.6	2008Q3	29572.8	71614.8	12246.3	263080.9
2001Q4	11007.0	—	5912.1	103957.1	2008Q4	30202.4	75741.1	12450.5	268459.8
2002Q1	11284.8	5572.1	8516.4	116506.8	2009Q1	30400.6	84039.8	13702.1	310058.1
2002Q2	12774.2	5700.4	8153.9	121285.3	2009Q2	34624.1	90116.6	14532.8	336876.6
2002Q3	13413.4	6154.0	7986.9	126385.8	2009Q3	37028.0	86950.4	13970.3	347348.4
2002Q4	13519.2	6369.2	8021.9	131464.0	2009Q4	38052.8	97914.5	16977.7	349884.4
2003Q1	13560.0	6815.4	8846.5	139239.7	2010Q1	36943.4	119775.9	16809.3	370545.6

附录2 全国季度数据表

续表

季度	对政府债权	对其他存款性公司债权	对其他金融性公司债权	对非金融性公司债权	季度	对政府债权	对其他存款性公司债权	对其他金融性公司债权	对非金融性公司债权
2003Q2	14465.9	7420.7	8681.5	149287.0	2010Q2	39151.1	122930.0	19613.2	384817.3
2003Q3	14575.3	8180.8	8750.4	156081.5	2010Q3	41798.9	132375.6	19057.1	397254.5
2003Q4	15185.2	8675.7	12106.9	158535.1	2010Q4	43460.5	134452.8	19735.5	409539.1

数据来源：历年《中国金融年鉴》。

1. "对政府债权"引用数据实际为"其中：中央政府"，在2002年之前由"对中央政府债权"代表。

2. "对其他存款性公司债权"项目在2006年之前由"对特定存款机构债权"代表，2002年之前无此项目。

3. "对其他金融性公司债权"项目在2006年之前为"对其他金融机构债权"，2002年之前为"对非货币金融部门债权"。

4. "对非金融性公司债权"项目在2006年之前为"对非金融机构债权"，2002年之前为"对其他部门债权"。

附录3　行业面板数据表

附表3-1　　　　2001—2010年度行业出口额（亿美元）

代码\年份\行业		2001	2002	2003	2004	2005	2006	2007	2008	2009	2010
全部制造业		2660.98	3255.96	4382.28	5933.26	7619.53	9689.36	12200.60	14306.93	12016.47	15777.64
食品制造业	FD	91.29	102.93	122.43	123.11	161.21	185.40	224.28	246.95	242.48	306.17
饮料制造业	BV	4.87	5.51	5.26	7.00	6.46	6.28	7.58	7.88	7.63	8.86
烟草制造业	TB	1.93	2.16	2.47	2.57	2.69	2.83	3.19	3.71	4.39	5.10
纺织品制造业	TX	210.59	253.48	328.38	404.06	494.56	593.91	691.81	791.84	719.03	915.75
服装制造业	AP	330.68	372.62	469.46	557.78	668.55	859.68	1040.95	1084.91	966.46	1169.65
皮革产品制造业	LT	48.27	53.65	62.50	78.16	89.78	106.72	125.21	150.18	134.64	187.92
鞋类制造业	FT	101.10	111.46	130.40	153.40	192.10	219.35	250.44	288.54	271.90	344.89

附录3 行业面板数据表

续表

代码\年份\行业		2001	2002	2003	2004	2005	2006	2007	2008	2009	2010
木材产品制造业	WO	20.21	24.94	30.72	44.38	55.63	75.60	86.38	85.50	69.78	86.36
家具制造业	FU	40.57	53.57	72.50	101.33	133.28	168.03	217.26	257.05	242.47	314.09
纸制品制造业	PA	14.55	16.81	22.45	28.99	42.08	57.91	78.88	87.41	81.46	104.43
印刷品制造业	PR	67.70	82.00	96.54	117.71	146.39	173.63	218.30	255.28	221.14	275.43
基本化学品制造业	IC	90.02	101.71	129.31	176.79	242.68	301.40	410.34	544.74	395.19	572.70
其他化学品制造业	OC	33.80	39.67	49.54	60.27	73.57	87.96	115.16	149.58	146.04	187.47
精炼石油业	PE	19.92	20.61	29.40	29.74	50.51	55.54	66.37	94.69	80.27	103.88
焦炭和石油制造业	PC	14.14	14.09	18.56	27.03	29.40	28.38	32.90	52.23	27.22	36.19
橡胶制品制造业	RU	13.83	16.97	21.54	32.20	47.09	63.91	87.55	100.23	92.44	128.11
塑料制品制造业	PL	32.44	40.32	50.03	65.47	89.18	111.97	146.11	169.82	143.15	191.87

续表

代码行业		2001	2002	2003	2004	2005	2006	2007	2008	2009	2010
陶瓷制品制造业	PT	7.23	9.17	11.51	15.16	19.86	25.11	29.38	35.48	31.68	41.87
玻璃制品制造业	GL	25.38	32.16	40.23	53.60	70.87	90.11	104.70	126.11	113.36	149.47
非金属矿物制品业	NM	19.63	24.36	30.27	40.12	52.95	67.03	77.43	94.21	83.73	110.86
基本钢铁制造业	ST	52.79	59.51	80.27	179.96	242.36	380.03	576.57	750.04	297.20	473.56
有色金属制造业	NF	40.85	47.69	66.21	108.21	130.37	207.67	227.86	239.50	157.02	223.73
金属产品制造业	MP	78.24	97.17	125.04	172.78	223.15	292.56	384.03	472.55	362.04	469.42
通用机械制造业	MA	369.81	530.93	857.42	1203.67	1549.36	1951.99	2502.33	2904.09	2473.73	3230.48
电力设备制造业	EM	465.07	607.72	831.38	1219.92	1626.41	2144.88	2604.54	2973.96	2677.16	3480.04
运输设备制造业	TR	133.95	155.07	215.84	290.00	386.57	515.72	728.50	941.43	806.31	1148.80

附录3 行业面板数据表

续表

代码\年份\行业		2001	2002	2003	2004	2005	2006	2007	2008	2009	2010
专业设备制造业	PG	30.78	40.96	71.89	123.88	186.38	230.28	332.70	394.63	348.13	465.14
其他制造业	OT	101.41	122.84	145.29	179.55	223.45	267.02	336.72	397.16	339.14	425.01

数据来源：根据有关文献资料整理。

附表3-2　　2001—2010年度行业从业人员（万人）

代码\年份\行业		2001	2002	2003	2004	2005	2006	2007	2008	2009	2010
食品制造业	FD	90.5	299.0	309.8	366.4	419.2	436.7	535.7	601.0	599.8	656.7
饮料制造业	BV	95.0	308.8	346.2	347.0	383.7	425.0	490.6	566.5	600.4	633.1
烟草制造业	TB	24.7	2.5	2.8	2.6	1.5	1.8	1.6	1.3	1.3	1.0
纺织品制造业	TX	95.0	489.8	594.3	832.3	895.7	1019.6	1157.6	1328.1	1348.0	1430.4
服装制造业	AP	237.1	265.3	305.1	365.6	439.6	615.3	602.4	708.6	694.5	673.1
皮革产品制造业	LT	127.0	161.2	200.3	278.0	322.5	357.4	413.3	453.9	457.4	471.2
鞋类制造业	FT	127.0	161.2	200.3	278.0	322.5	357.4	413.3	453.9	457.4	471.2
木材产品制造业	WO	51.3	86.0	90.5	113.5	121.0	116.7	135.2	163.1	170.8	163.5

续表

代码\年份\行业		2001	2002	2003	2004	2005	2006	2007	2008	2009	2010
家具制造业	FU	29.8	61.2	91.2	142.4	156.5	190.6	234.8	266.6	267.7	300.3
纸制品制造业	PA	113.8	285.6	310.8	461.2	531.4	596.5	682.4	852.7	904.8	1089.4
印刷品制造业	PR	54.7	100.4	130.2	143.2	153.9	167.7	200.3	231.4	229.6	233.4
基本化学品制造业	IC	318.6	541.3	667.3	883.2	1034.6	1389.4	1731.2	2074.2	2404.4	2698.8
其他化学品制造业	OC	40.3	120.2	139.2	162.9	206.2	225.7	268.9	282.5	281.3	307.6
精炼石油业	PE	59.2	91.4	90.1	98.3	97.1	113.8	163.1	232.1	221.3	235.9
焦炭和石油制造业	PC	59.2	91.4	90.1	98.3	97.1	113.8	163.1	232.1	221.3	235.9
橡胶制品制造业	RU	61.6	145.2	160.5	257.6	266.3	289.1	404.1	418.5	442.8	483.0
塑料制品制造业	PL	117.1	399.7	461.4	610.9	648.0	705.6	813.1	966.3	976.4	1021.9
陶瓷制品制造业	PT	392.6	441.9	466.3	616.3	659.4	758.7	930.0	1103.5	1094.4	1190.1

附录3 行业面板数据表

续表

代码\年份\行业		2001	2002	2003	2004	2005	2006	2007	2008	2009	2010
玻璃制品制造业	GL	392.6	441.9	466.3	616.3	659.4	758.7	930.0	1103.5	1094.4	1190.1
非金属矿物制品业	NM	392.6	441.9	466.3	616.3	659.4	758.7	930.0	1103.5	1094.4	1190.1
基本钢铁制造业	ST	249.3	131.5	189.1	323.3	411.6	495.2	623.6	651.1	669.7	673.5
有色金属制造业	NF	249.3	99.6	120.5	181.5	208.8	267.0	333.2	449.9	536.0	597.2
金属产品制造业	MP	165.2	379.0	357.1	447.1	509.0	594.3	731.2	878.3	935.3	984.0
通用机械制造业	MA	272.0	360.4	432.9	616.1	706.1	834.4	1032.7	1331.0	1470.8	1520.2
电力设备制造业	EM	225.6	575.0	659.5	918.8	996.2	1169.3	1444.2	1802.8	1905.6	2030.6
运输设备制造业	TR	296.2	528.9	633.3	955.6	1008.3	1358.2	1703.2	2052.1	2212.4	2455.2
专业设备制造业	PG	185.6	149.1	194.8	361.4	397.7	508.1	682.4	955.4	1154.9	1143.2
其他制造业	OT			126.6	174.5	180.2	211.4	236.6	285.6	282.5	269.9

附表3-3　　2001—2010年度行业利用外资情况（亿元）

代码\年份\行业		2001	2002	2003	2004	2005	2006	2007	2008	2009	2010
食品制造业	FD	284.0	98.5	101.1	110.9	121.0	128.1	135.0	154.6	162.7	175.9
饮料制造业	BV	289.6	91.0	89.0	83.9	89.0	92.3	101.0	113.0	119.0	130.0
烟草制造业	TB	3.5	23.2	21.2	19.9	19.7	19.0	18.6	19.8	20.0	21.1
纺织品制造业	TX	426.7	479.2	499.2	587.9	591.0	615.4	626.3	652.1	617.0	647.3
服装制造业	AP	240.2	265.8	289.2	331.9	346.1	377.6	414.2	458.7	449.3	447.0
皮革产品制造业	LT	142.3	141.3	165.4	211.2	228.8	245.6	257.0	273.3	257.6	276.4
鞋类制造业	FT	142.3	141.3	165.4	211.2	228.8	245.6	257.0	273.3	257.6	276.4
木材产品制造业	WO	80.5	51.7	63.8	76.8	83.3	91.6	106.2	131.3	130.7	142.3
家具制造业	FU	50.2	34.0	43.4	64.9	71.3	83.8	91.3	104.4	98.6	111.7
纸制品制造业	PA	260.5	115.0	114.0	130.4	130.1	134.8	138.3	151.9	152.6	157.9
印刷品制造业	PR	94.6	55.5	59.4	63.5	66.9	69.0	72.4	82.0	82.1	85.1
基本化学品制造业	IC	474.8	310.1	311.3	326.4	340.0	357.8	380.3	429.6	440.5	474.1

附录3 行业面板数据表

续表

代码 行业 年份		2001	2002	2003	2004	2005	2006	2007	2008	2009	2010
其他化学品制造业	OC	120.7	37.7	34.2	39.2	42.6	43.4	45.3	45.1	41.5	43.9
精炼石油业	PE	74.8	55.9	59.7	68.0	74.4	76.8	80.6	86.0	85.0	92.2
焦炭和石油制造业	PC	74.8	55.9	59.7	68.0	74.4	76.8	80.6	86.0	85.0	92.2
橡胶制品制造业	RU	122.1	62.1	62.2	80.8	79.6	82.1	87.5	97.3	98.0	102.9
塑料制品制造业	PL	342.9	129.6	140.9	175.2	183.3	201.4	224.1	255.4	259.8	283.3
陶瓷制品制造业	PT	417.9	388.2	396.2	415.3	418.2	426.4	448.4	498.7	508.9	544.6
玻璃制品制造业	GL	417.9	388.2	396.2	415.3	418.2	426.4	448.4	498.7	508.9	544.6
非金属矿物制品业	NM	417.9	388.2	396.2	415.3	418.2	426.4	448.4	498.7	508.9	544.6
基本钢铁制造业	ST	129.0	239.3	255.9	277.3	287.5	296.1	304.4	313.5	323.0	345.6

续表

代码\年份\行业		2001	2002	2003	2004	2005	2006	2007	2008	2009	2010
有色金属制造业	NF	83.5	102.3	106.6	127.3	130.7	136.8	156.3	185.2	177.6	191.6
金属产品制造业	MP	345.6	174.0	171.2	213.1	223.2	248.3	273.5	327.2	319.3	344.6
通用机械制造业	MA	338.9	264.4	283.5	343.7	355.1	378.7	420.7	493.2	486.5	539.4
电力设备制造业	EM	518.4	239.0	265.1	348.7	367.2	404.0	449.2	527.8	535.0	604.3
运输设备制造业	TR	475.9	296.7	311.8	341.3	352.4	374.6	408.6	473.1	498.3	573.7
专业设备制造业	PG	133.2	178.1	205.3	219.9	219.9	234.7	256.5	308.4	309.2	334.2
其他制造业	OT			103.2	124.2	125.5	136.0	136.9	143.4	136.8	140.4

资料来源：根据有关文献资料整理。

参考文献

中文参考文献

[1] 白当伟:《金融发展与国际贸易关系研究综述》,《经济学动态》2004年第1期。

[2] 包群、阳佳余:《金融发展影响了中国工业制成品出口的比较优势吗》,《世界经济》2008年第3期。

[3] 保罗·克鲁格曼,茅瑞斯·奥伯斯法尔德:《国际经济学:理论与政策(第6版)》,中国人民大学出版社2006年版。

[4] 陈建国、杨涛:《中国国际贸易的金融促进效应分析》,《财贸经济》2005年第1期。

[5] 林毅夫、章奇、刘明兴:《金融结构与经济增长——以制造业为例》,《世界经济》2003年第1期。

[6] 裴长洪:《中国贸易政策调整与出口结构变化分析:2006—2008》,《经济研究》2009年第4期。

[7] 齐俊妍:《金融发展与贸易结构——基于HO模型的扩展分析》,《国际贸易问题》2005年第7期。

[8] 孙兆斌:《金融发展与出口商品结构优化》,《国际贸易问题》2004年第9期。

[9] 沈能:《金融发展与国际贸易的动态演进分析:基于中国的经

验证据》,《世界经济研究》2006 年第 6 期。

[10] 阳佳余:《金融发展与国际贸易:基于省际面板数据的经验研究》,《经济科学》2007 年第 4 期。

英文参考文献

[1] Aizenman, J. On the hidden links between financial and trade opening [R]. National Bureau of Economic Research, Working Paper, No. w9906, 2003.

[2] Beck, T. Financial dependence and international trade [J]. Review of International Economics, Vol. 11, 2003.

[3] Beck, T. Financial development and international trade: is there a link? [J]. Journal of International Economics, No. 57, 2002.

[4] Becker, B. and Greenberg, D. Financial dependence and international trade [R]. Unpublished Working Paper. University of Illinois at Chicago, 2005.

[5] Chang, R. and Velasco, A. Financial fragility and the exchange rate regime [R]. National Bureau of Economic Research, Working Paper, No. 6469, 1998.

[6] Do, QT. and Levchenko, A. Comparative Advantage, Demand for External Finance, and Financial Development [R]. World Bank Policy Research Working Paper, 3889, April 2006.

[7] Frankel, J. and Romer, D. Does trade cause growth? [J]. American Economic Review, No. 89, 1999.

[8] Greenwood, J. and Jovanovic, B. Financial Development, Growth, and the Distribution of Income [J]. Journal of Political Economy, Vol. 70, 1990.

[9] Matsuyama, K. Credit Market Imperfections and Patterns of International Trade and Capital Flows [J]. Journal of the European Economic Association, Vol. 3, 2005.

[10] Rajan, R. and Zingales, L. The great reversals: the politics of financial development in the 20th Century [J]. Journal of Financial Economics, No. 69, 2003.